民國文存

11

積微居文錄

楊樹達 著

知識產權出版社

本書收錄楊樹達先生 1920~1931 年之間關於語言文字、文獻、史學方面的論文 36 篇，其中既有他與胡適、錢玄同、陳垣、黃侃、曾運乾等人的書信，也有他讀書後的評論，還有長沙方言考據。其中許多見解，能解古書之難題，且啟人心目。

本書適合語言文字及歷史、文學的愛好者與相關研究者閱讀。

責任編輯：羅　慧　　　責任校對：韓秀天　　　動態排版：賀　天
特約編輯：牛雁楠　　　責任出版：盧運霞

圖書在版編目（CIP）數據

積微居文錄/楊樹達著.—北京：知識產權出版社，2012.11
（民國文存）
ISBN 978－7－5130－1497－7

Ⅰ.①積…　Ⅱ.①楊…　Ⅲ.①文史－中國－文集　Ⅳ.①C52
中國版本圖書館 CIP 數據核字（2012）第 210473 號

積微居文錄
Jiweiju Wenlu

楊樹達　著

出版發行	知識產權出版社			
社　　址：	北京市海澱區馬甸南村1號	郵　編：	100088
網　　址：	http://www.ipph.cn	郵　箱：	bjb@cnipr.com
發行電話：	010-82000860 轉 8101/8102	傳　真：	010-82005070/82000893
責編電話：	010-82000860 轉 8345	責編郵箱：	luohui@cnipr.com
印　　刷：	北京中獻拓方科技發展有限公司	經　銷：	新華書店及相關銷售網站
開　　本：	720 mm×960mm　1/16	印　張：	9
版　　次：	2012年11月第一版	印　次：	2012年11月第一次印刷
字　　數：	107千字	定　價：	34.00元

ISBN 978－7－5130－1497－7/C・104（4351）

出版權專有　侵權必究
如有印裝質量問題，本社負責調換。

民國文存

（第一輯）

編輯委員會

文學組

組長：劉躍進

成員：尚學鋒　李真瑜　蔣　方　劉　勇　譚桂林　李小龍
　　　葉　曄　吳冠文　鄧如冰　金立江　張新贊

歷史組

組長：王子今

成員：秦永洲　張　弘　李雲泉　李揚帆　姜守誠
　　　吳　密　姜　鵬

哲學組

組長：周文彰

成員：胡　軍　胡偉希　彭高翔　干春松　楊寶玉

出版前言

　　民國時期，社會動亂不息，內憂外患交加，但中國的學術界卻大放異彩，文人學者輩出，名著佳作迭現。在炮火連天的歲月，深受中國傳統文化浸潤的知識份子，承當著西方文化的衝擊，內心洋溢著對古今中外文化的熱愛，他們窮其一生，潛心研究，著書立說。歲月的流逝、現實的苦樂、深刻的思考、智慧的光芒均流淌於他們的字裡行間，也呈現於那些細緻翔實的圖表中。在書籍紛呈的今天，再次翻開他們的作品，我們仍能清晰地體悟到當年那些知識分子發自內心的真誠，蘊藏著對國家的憂慮，對知識的熱愛，對真理的追求，對人生幸福的嚮往。這些著作，可謂是中華歷史文化長河中的珍寶。

　　民國圖書，有不少在新中國成立前就經過了多次再版，備受時人稱道。許多觀點在近一百年後的今天，仍可說是真知灼見。眾作者在經、史、子、集諸方面的建樹成為中國學術研究的重要里程碑。蔡元培、章太炎、陳柱、呂思勉、謝無量、錢基博等人的學術研究今天仍為學者們津津樂道；魯迅、周作人、沈從文、丁玲、梁遇春、李健吾等人的文學創作以及傅抱石、豐子愷、徐悲鴻、陳從周等人的藝術創想，無一不是首屈一指的大家名作。然而這些凝結著汗水與心血的作品，有的已經罹於戰火，有的僅存數本，成為圖書館裡備受愛護的珍本，或成為古玩市場裡待價而沽的商品，讀者很少有隨手翻閱的機會。

鑒此，為整理保存中華民族文化瑰寶，本社從民國書海裡，精心挑出了一批集學術性與可讀性於一體的作品予以整理出版，以饗讀者。這些書，包括政治、經濟、法律、教育、文學、史學、哲學、藝術、科普、傳記十類，綜之為民國文存。每一類，首選大家名作，尤其是對一些自新中國成立以後沒有再版的名家著作投入了大量的精力，進行了整理。在版式方面有所權衡，基本採用化豎為橫、保持繁體的形式，標點符號則用現行的規範予以替換，一者考慮了民國繁體文字可以呈現當時的語言文字風貌，二者顧及到今人從左至右的閱讀習慣，以方便讀者翻閱，使這些書能真正走入大眾。然而，由於所選書籍品種較多，涉及的學科頗為廣泛，限於編者的力量，不免有所脫誤遺漏及不妥當之處，望讀者予以指正。

目　錄

積微居文錄卷上 1

《韓詩內傳》未亡說 民國九年十二月 2

論名詞代名詞下"之""的"之詞性 十一年八月 4

胡樸庵《俗語典》序 十一年九月 7

與錢玄同論《詩經》"于""以"書 十一年十月 8

與胡適之論《詩經》"于""以"書 十一年十月 9

《漢字聲統》序例 十一年十二月 11

《老子古義》自序 十一年十一月 17

讀劉叔雅《淮南鴻烈集解》 十三年元旦 18

　一、所據本之失擇 19

　二、本文之失校 20

　三、高注之失校 21

　四、成說之失勘與失引 22

　五、體裁之失 23

　六、標題之失 26

　七、結論 27

《鹽鐵論校注》自序 十三年一月 ……………………………… 27

《漢書補注補正》自序 十三年三月 ……………………………… 29

漢代老學者考 十三年六月 ………………………………………… 30

    附非毀老子學者二人 ………………………………………… 40

積微居文錄卷中 …………………………………………………… 41

劉武仲先生《助字辨略》跋 十四年三月 ………………………… 42

《釋名新略例》 十四年十月 ……………………………………… 48

李雁晴《史記訂補》序 十四年十月 ……………………………… 50

跋王葵園先生《後漢書集解》 十五年十一月 …………………… 52

孟子學說多本子思考 十五年十二月 ……………………………… 58

說晚周諸子中之宋人 十五年十二月 ……………………………… 61

與黃季剛書 十六年一月 …………………………………………… 62

與章行嚴書 十六年一月 …………………………………………… 63

《漢書釋例》 十七年三月 ………………………………………… 63

  一、較量例 ……………………………………………………… 63

  二、附記例 ……………………………………………………… 65

  三、互文相足例 ………………………………………………… 67

  四、微詞例 ……………………………………………………… 68

  五、記始例 ……………………………………………………… 69

  六、自注例 ……………………………………………………… 72

  七、終言例 ……………………………………………………… 73

  八、一人再見例 ………………………………………………… 74

九、闕文例 ·· 74

　　十、說明作意例 ·· 75

"上入執宮功"說_{十七年四月} ··· 75

《詞詮》自序_{十七年五月} ·· 76

與陳援庵論《史諱舉例》書_{十七年七月} ······································ 78

《周易古義》自序_{十七年十二月} ··· 80

積微居文錄卷下 ·· 83

李希伯先生《讀漢書札記》序_{十八年一月} ··································· 84

時務學堂弟子公祭新會梁先生文_{十八年一月} ································ 85

梁季雄《荀子約注》序_{十八年五月} ·· 86

說"所"字之詞性 ·· 87

《馬氏文通刊誤》自序_{十八年十二月} ··· 91

國文中之倒裝賓語_{十九年一月} ·· 97

　　一、疑問代名詞爲賓語時_{必居動介之前} ·································· 98

　　二、句中以無指代名詞"莫"字爲主語時_{代名詞爲賓語則居前} ········ 99

　　三、句中有否定副詞時_{則爲賓語之代名詞先置} ························ 100

　　四、雖無上述之原因，人稱或指示代名詞爲賓語_{亦間有先置者} ···· 102

　　五、有二事爲比較時，則賓語雖爲名詞亦先置 ······················ 102

　　六、語氣側重時_{則爲賓語之名詞先置} ································· 102

　　七、賓語倒置在動介之前_{以之字助之} ································· 103

　　八、賓語倒置在動介之前_{以是字助之} ································· 104

iii

九、外動詞之賓語先置以焉字助之 …… 105

十、外動詞之賓語先置以或字助之 …… 105

十一、外動詞之賓語先置以來字助之 …… 105

十二、外動詞之賓語先置以云字助之 …… 106

十三、外動詞之賓語先置以于字助之 …… 106

十四、外動詞之賓語先置以斯字助之 …… 106

十五、外動詞之賓語先置以"爲"字助之 …… 106

十六、外動詞之賓語先置以"之"爲助之 …… 107

十七、外動詞之賓語先賓外動詞之下復補"之"字 …… 107

皮鹿門先生《師伏堂筆記》序十九年一月 …… 107

讀《漢書·儒林傳》十九年二月 …… 108

與曾星笠書十九年八月 …… 110

郭耘桂先生《讀騷大例》跋 …… 111

李犗伯先生《諸史札記》序二十年一月 …… 112

長沙方言考 …… 114

編後記 …… 129

積微居文錄卷上

《韓詩內傳》未亡說民國九年十二月

何以說《韓詩內傳》未亡？曰：以在今本《韓詩外傳》中故。有何證？曰：《漢書·藝文志》載《韓內傳》四卷，《韓外傳》六卷，則外傳本止有六卷也。今本《外傳》脫佚頗多，書減於前，而卷數却增於舊，不爲六卷而爲十卷，爲理所不當有，其證一也。然焉知非本爲六卷爲後人所分析乎？曰：不然。試考《隋書·經籍志》止載《韓詩外傳》十卷，而《內傳》則不見於《志》。十卷之數又恰合於《漢志》《內傳》四卷，《外傳》六卷之合數，則知十卷固非後人所分析，又可知兩傳之合併，其時代在隋以前。而今本《外傳》雖有脫佚，約猶是隋以來相傳之舊本，其證二也。焉知此非偶合乎？曰：不然。試覽今本《外傳》之第五卷。其首節爲"子夏問曰：'《關雎》何以爲國風始也？'孔子曰：'《關雎》至矣乎。夫《關雎》之人，仰則天，俯則地。幽幽冥冥，德之所藏；紛紛沸沸，道之所行。雖神龍變化，斐斐文章，大哉關雎之道也！萬物之所繫，羣生之所懸命也。河洛出書圖，麟鳳翔乎郊，不由《關雎》之道，則《關雎》之事將奚由至哉？夫六經之策，皆歸論汲汲，蓋取之乎《關雎》？《關雎》之事大矣哉！馮馮翼翼，自東自西自南自北，無思不服。子其勉強之，思服之。天地之間，生民之屬，五道之原不外此矣。'子夏喟然歎曰：'大哉《關雎》，乃天地之基也。'詩曰：'鐘鼓樂之。'"云云。夫《關雎》者，詩之首章也。而子夏者，又孔門傳詩之本師也。以孔子與子夏論《關雎》之辭，韓太傅自當襃然列於全書之首。而今本《外

《韓詩內傳》未亡說民國九年十二月

傳》竟列於第五卷之首章者，何也？則以今本之卷數次第並非太傅之舊也。今本《外傳》之前四卷者，本太傅之《內傳》也。今本《外傳》之後六卷者，本太傅之《外傳》也。論《關雎》一章，太傅本列於《外傳》第一章之首者也。隋以前人合兩傳而一之，先內而後外，故此章退居於第五卷也。其證三也。子之說確矣。然清以來治韓詩諸家皆以《內傳》爲解釋訓詁之書。體裁與《外傳》不同。治三家最精者有陳喬樅。其所集《三家詩考》亦如是也。子亦有說乎？曰：此陳氏等之誤也，《漢書·藝文志》不云乎。

漢興，魯申公爲詩訓故，而齊轅固、燕韓生皆爲之傳，或取《春秋》，采雜說，咸非其本義。與不得已，魯最爲近之。（按或字以下三句只論齊韓，不及魯，以魯爲訓故，故獨云近之。）

夫以傳與訓故對言，則傳非訓故也。（《志》有魯故、魯說，無訓故，則訓故非書名。）於傳之下而云取《春秋》，采雜說，咸非其本義，則傳又非訓故也。荀悅《漢紀》稱轅固爲《詩》內、外傳，則轅固與韓太傅同有內、外兩傳，而班孟堅只云皆爲之傳，不復區別內外，則知內外傳本同體也。《儒林傳》又云：

嬰推詩人之意而作《內》、《外傳》數萬言，其語頗與齊魯間殊，然歸一也。

既以內、外傳同舉，而又曰推詩人之意，則又知《內傳》本同《外傳》之體裁也。惟其同體裁，故後人爲之合併也。（鄉先輩王先謙氏《藝文志補注》據《儒林傳》此數語，謂《內、外傳》皆韓氏依經推演之詞，得之矣。）其證四也。然則陳氏等所采韓詩之故訓當何屬？曰：《藝文志》不載有《韓故》三十六卷乎？此則韓本經之訓故也。陳氏等不知，而以屬於《內傳》，故誤也。鄉先輩王船山先生作《周易內傳》爲訓故體，作《周易外傳》爲依經推演之體，其誤

3

亦與陳氏同也。

作《韓詩內傳》未亡說。

九年十二月三十日大雪中

論名詞代名詞下"之""的"之詞性_{十一年八月}

今語之"的"卽文言之"之"，蓋"之"古音屬之咍部，古讀蓋當如臺。臺字本從"之"字孳乳得聲，蓋"之"字孳乳字中古音之僅存者矣，不知何世變讀今音，而口語似仍從舊讀，後又由臺而漸變爲的，語音與文字不一致，故代表口語之"的"字出焉。以此知"之""的"二字孰古孰今殆難審決。蓋"之"之爲字，變自篆文，固非古形，而音則確爲後起之音。"的"之爲字，形雖後起，而其發聲尚是古聲。必謂'之'古而'的'今，得無顛倒事實乎？

與今語"的"同用之"之"。《馬氏文通》定爲介詞，故今人研究語法者亦定"的"爲介詞。然文言中介詞"以""於""爲""與""自""由""從"諸字在句讀中皆各有其司詞。試觀"之""的"則何如？謂"之""的"無司詞乎？則與其他之介詞不類也。謂其有司詞乎？則以位於其上之詞爲司詞乎？抑以位於其下之詞爲司詞乎？馬氏於此立說殊爲曖昧。《文通》界說云："城門之軌，兩馬之力與，兩之字介於兩名之間。以明相屬之義也。"（卷一葉六）又馬氏定司詞之界說，但云"爲""以""與"各有司詞（卷一葉十六），至"之"字有無司詞，彼竟無說，故曰馬氏於此至爲曖昧也。

馬氏引孟子"爲淵敺魚"三句作例，說三爲字皆各介所司之詞，於毆字以明何爲而毆，則彼又認介詞之介爲"介紹"之義，與前作"介間"義說之者不同。以此知馬氏於介詞定名之根本義亦無確定之見解。同縣友人章君行嚴著《中等國文典》，下介詞之定義云："介詞者，所以介紹名詞以與動詞、形容詞及其他名詞相聯絡者也。"（八葉）按章君下此定義，態度極爲明瞭，且彼從馬氏"介間""介紹"兩義中獨取"介紹"一義，不取"介間"一義，亦爲有識。緣"介間"一義頗侵連詞之界域，本不確當故也。

章君旣用"介紹"說爲介詞之定義矣，而於被"之""的"介紹之詞如何說之乎？彼於下文云"惟所介紹之名詞，介詞有置於其前者，有置於其後者。置於前者謂之前置介詞，置於後者謂之後置介詞。"（八葉）於後置介詞節又云："後置介詞只一之字。"（二四三葉）又引"先王之道斯爲美"爲例而解釋之云："之者，置於先王之後也，故爲後置介詞。而"之"字與"先王"合以冠"道"字。"（葉同上）由章君之說觀之。知彼定"之"字爲介紹"先王"以與"道"字相聯絡。用馬氏術語言之，便當謂"先王"爲"之"字之司詞。然此說可懷疑者有三。謂"之"字介紹"先王"，則與英文之of相當，然與中國文字本來之習慣不合，一也。凡介詞與其司詞，如"爲此""以彼""於人"等皆可以成一讀，而"先王之"必不能成一讀，與其他之介詞不類，二也。又介詞與其司詞連成一讀，在一句中皆修飾動詞或形容詞，"先王之"則修飾名詞，亦與其他之介詞不類，三也。

余緣懷疑於此，故前數年講授文法時不從章說，却定此種"之"字爲介紹位於彼下之詞。就"先王之道"言之，"之"爲介"道"。以此說與章說較，章說之第一病雖似可免，而章說之第二病依然存在，以"之道"亦不能成一讀故也。第三病不僅不能避免,且較章說爲更劣,以"先王之"尚可謂是修飾名詞之"道"字,"之道"更無可說也。以此余近亦棄置此說,不敢復用。

綜合上文所言觀之,"之"字置介詞中,實有種種難說之點,卽介詞之界說不能概括確當,一也,馬氏"介間""介紹"兩用,卽以此故。不用"介間"說,專用"介紹"說,則發生司詞何屬之問題,二也。謂司詞在"之"上旣不妥,謂在"之"下亦不安,竟無法解決,三也。

以此余意欲擯"之""的"二字在介詞範圍之外,然則"之""的"究當入何類乎?今且列舉數說:一,連詞說。此日本兒島獻吉郎君所著《漢文典》之說也。二,語尾說。此則從口語"的"字立說以例文言"之"字者,蓋形容詞"美麗的""潔白的"等之"的",今說者皆認爲形容詞之語尾,無認作介詞者,然則名、代下之"之""的"亦不必認作介詞,可以認作語尾,其理由一也。副詞"活潑潑的跳""慢慢的來"(現多寫作地字)之"的",說者亦多認做副詞之語尾,然則名代下之"之""的"亦可認作語尾,其理由二也。"之""的"表示所有,與英文表示所有之S相同,然則吾人不當認"之""的"同於英文介詞之of,而當認爲語尾之S,理由三也。三,助詞說。文言中助詞本可分爲三種,一爲句首助詞"繄""允""惟""越"等是也;二爲句中助詞如"惟利是視"之"是","有兔斯首"之"斯"是也;三爲句末助詞,如"也""哉""乎""歟"是也。"之"字本爲一種句中助詞。後世文字漸趨簡約,漸趨於規則,其他之句中助詞多被汰去。惟"之"字有表明隸屬之作用,故未被淘汰而猶存在。其實助詞本身是一種可有可無之物,故現在文言之"之"口語之"的"有時恆被省去而無礙於文義。此三說皆各有根據,余意助詞說尤爲近眞,俟留心文法者決之。

十一年八月二十二日

胡樸庵《俗語典》序十一年九月

余少時讀錢曉徵《恆言錄》，頗喜其翔實。少長，遊於日本，見彼有所謂《漢文成語辭典》者，頗擷撮中土之書爲之，雖不免疏陋，然準據字畫，分別部居，易於探檢，於始學者爲便。私意若自吾國學者爲之，其詳贍宏博當過彼遠甚。十年以來，字典詞彙之書蠭出於坊肆，顧獨無此種也。頃者，余獲交儀徵尹君碩公、黟縣朱君少濱，因二君而知涇縣胡君樸安❶篤學士也，繼於新聞紙上讀君所爲五言古詩，胸肊超曠，有古陶白之概，尤心儀其爲人。昨者君自上海以年來所纂《俗語典》一書序例及首卷寄示余，余讀之，則適余前所欲得而未能得者，其宏博詳贍不惟遠過於日本人之所爲，視錢曉徵及翟晴江所造，尤復過之。蓋君博覽強記，於經史諸于❷及古今諸文士筆記小說靡不窮搜博討，集零縑以製錦，鎔碎金而爲鐘，宜其爲壯觀也。余往歲嘗從事於編纂國語辭典之役，竊見他國辭典之精者，每記一語必詳其語之所自，輒謂吾人若有所造述，亦當如是。編輯時搜討故書，時有新獲。如"多心"得之《呂氏春秋》精論，"刺趾"得之《說文》，"調戲"得之《楚詞·招魂》注，"不齒"得之《詩》序，"一下"得之高誘《呂氏春

---

❶ "胡樸安"即"胡樸庵"。——編者註
❷ "于"當爲"子"。——編者註

秋》注。當其未得之也，如重負之在身；及其得之，則不自知其手之舞之足之蹈之也。今觀君書，余往時所采大都備具，若他日從事續纂，得有所憑藉，可省搜討之勞矣。此則余於君書尤爲欣忭不已，而亟欲先覩其全者也。

十一年九月十五日

與錢玄同論《詩經》"于""以"書十一年十月

前承見告胡適之先生歸納《詩經》"于"字，謂"于"字與"焉"字相同，有"在那裏"與"在何處"二義，如"黃鳥于飛"之"于"爲"在那裏"之義，"于以采蘩"之"于"爲"在何處"之義，釋"于飛"之"于"爲"在那裏"。語氣卽頗確當，而訓"于"爲"在"，亦非無根。謂"于以采蘩"爲疑問句，語氣亦極拍合。但訓"于"爲何，頗嫌無據。又不知"以"字，胡君當如何安頓？弟意則謂"于""以"之所以爲疑問，當在"以"字而不在"于"。《尚書》："夏罪其如台，今王其如台。""如台"《史記》普譯作"奈何"。《法言》："顏氏之子其如台。"《漢書》敍傳："如台不匡。""如台"亦皆"奈何"之義。"台"字旣有何義？《說文》"台"從目聲，則以當爲台之假借（以爲目之隸變）。如此則"于"字仍當訓"在"。"于以采蘩""于沼于沚""于以采藻""于彼行潦""于以求之""于林之下"諸文上下文"于"字旣可解釋一律。而"以"字又實有着落，不致如胡君之說成爲贅疣。不知兄與胡先生以爲如何？

再"于""於"二字本可作"以"字用，說見拙著《古書疑義舉例續補》。"于"可訓"以",則"以"似亦可訓"于",但釋《詩》之"于"爲"在何處",既嫌無據,又既將"于"字釋爲"何處",又訓"以"爲"于",亦未免糾纏,不如前說之爽快耳。

與胡適之論《詩經》"于""以"書十一年十月

玄同兄轉到先生給他的信,知道您對於我的"于"、"以"說還有疑義,現在我來說明他。

一、疑問詞作司詞,必在介詞的前面。前天和劭西、玄同談這問題時,劭西便會談及,但是《詩經》裏面像《小宛》"自何能穀","自"字,介詞,亦在"何"字的前面,與平常先司詞後介詞的次序不同。又如:

"于焉逍遙"、"于焉嘉客"(《小雅·白駒》)

"于何從祿"(同《正月》)

"于何不臧"(《十月之交》)

"于何其臻"(《菀柳》)

"伊于胡底"(《小旻》)

"于"字介疑詞"焉""何""胡",都在他們的前面,又古書中有"惡乎"的例,如《檀弓》"吾惡乎哭諸",絕無"何于""焉于""胡于"……等等的例。那麼,我們可以知道"于"字這個介詞和旁的介詞有一個大不相同之點,便是旁的介詞用疑問詞作司詞的時候,介詞一定在司詞的下面,在上面者爲例外。"于"字却不然,他介紹疑問詞作司詞,一定在他的前面。"于""以"的次序,"于"在"以"前,也是這個特別例之一,絕沒有"不古"的嫌疑了。（韓文"於何考德而問業焉"也用"於何",不用何於,可見古人讀書精細。）

二、您說上下文相同的字解釋不必一律。他處誠也可說,但"于以采藻,于彼行潦"等句,旣是上句也可說,但"于以采藻,于彼行潦"等句,旣是上句問詞,下句答詞,自然不能不做同樣的解釋。譬如《詩經》裏"終南何有,有紀有堂","終南何有,有條有梅"句,例正和"于以采蘩,于沼于沚"相同。若說者將上下文的二"有"字作異義的解釋,豈非笑話?而況這些文名,"于"字作同義解,"以"字便有着落;作異義解,"以"字便成贅疣啊。

三、我們看了《詩經》"于以奠之?宗室牖下。誰其尸之?有齊季女"四句,下二句是一問一答,知道上二句也是一問一答,釋"于以……"句爲疑問句,這也恐怕應該是一個有力的證據。由此例推,則《天保》篇"俾爾單厚,何福不除?俾爾多益,以莫不庶?"四句是排偶句,上兩句是疑問語氣,下兩句也當然是疑問句。那麼這"以"字也應該作"何"字解了。下文"以莫不興""以莫不增"也當作同這樣的解釋。

四、您說"于以"是複詞,《詩經》中誠有複詞,但多是靜字,如"參差""猗儺"之類,沒有名字,而且多是雙聲疊韻字,介詞代詞是絕沒有複字的。

五、您說《詩經》中有三種"于"字都可以用"焉"字解釋,但是這三種之外,"于"字有只當"在"字解的,如"我出我車,于彼郊矣";有當倒裝"是"字解的,如"獫狁於襄"。這些"于"字,"焉"字都包括不了,那又何必定用焉字去統括呢?

十一年十月廿三日

按，胡君得書後，遂從余說，服善之公，世所希見也。去歲胡君北來，曾告余，謂余此兩札猶存篋中云。

十九年二月記

《漢字聲統》序例_{十一年十二月}

國字聲統何爲而作也？曰：將以正彼中國文字衍形不衍音之謬說也。中國文字有六書，自假借非造字之事外，象形、指事、會意三書之字，誠哉其爲衍形矣。形聲或曰諧聲之字，則半形半聲也。轉注之字則以聲相轉注者也。且以字數計之，《說文》九千餘字，形聲字居其八千。（據王筠《文字蒙求》之計數，許書象形字二六四，指事字一二九，會意字一二五八，餘皆形聲字也。）宋鄭樵《通志·六書》略謂漢字二萬四千二百五十五字，象形字六百有八，指事字百有七，會意字七百四十，形聲字二萬一千八百有十，轉注字三百七十二，假借字五百九十八，其分類雖不必精，然大致當近是。是中國文字以宋時之字數計之，亦占總數十分之九也。最近之字書爲《康熙字典》，凡四萬餘字，雖無精確之分類，然形聲字當居大多數則无可疑。章太炎先生著《文，始》，說國字初文五百有十，皆象形、指事、會意之字。此可知國字之演進，其初固是衍形，其後則形聲合衍，蓋專衍形則孳乳之法窮，故勢必趨於衍音也。而說者乃徒見其原始而忘其要終，認國字爲衍形，以與歐洲文字衍音者相對待，不亦誣乎？

《說文》"賴"從剌聲，是以發聲之聲，諧聲也；"柔"從矛聲，是以收聲之均❶諧聲也。此知古形聲之聲實涵聲、韵二事，此聲之廣義也。魏晉以來，以雙聲與疊均相對待，聲爲聲，均爲均，各相別異，此聲之狹義也。今所謂聲統者，其聲字之義何屬？曰：此狹義之聲，非廣義之聲也。廣義之聲，今正名之曰音，不曰聲也。以是凡諸聲字所從得聲之字，如江之工，河之可，則名曰音符。問者曰：所謂聲統者何若？曰：自讀音統一會歸納國字之音爲字母四十，此四十字母之聲與均互相配合，可得今有字之音四百六七十。今以此四百餘音，據聲爲系以統形聲字中之音符，復據各音符所含之聲以求其孳乳字之聲變，此則吾所謂聲統者也。

問者曰：以形聲之法造字，古人之事也。古今音不相同，子乃以今音爲系而馭古人造字時之音符，得無誣乎？曰：古讀不可確知，而是爲不得已也，以均而言，準古有今無之文以求其合，宜視聲之孤特無依者爲易矣，然少者六七部，多者二十八部，將以何爲準乎？以聲而言，古無而今有者猶可言也，如錢君竹汀之明古無舌上（知、澈、澄三母）、輕脣（非、敷、奉、微），章君太炎之明古無娘日，準據閩粵方言而知溪、羣、疑、曉、匣諸母古有剛聲（巜丂兀厂），無柔聲（ㄐㄑㄏㄒ）是也。若古有而今無，則無可證明也。《切均》❷聲類四十有一，守溫并爲三十六矣。吾人今日口舌所能發之音，則并三十六而不具矣。若謂音由簡而繁，何以照、穿、牀與知、澈、澄今人不能分乎？今必謂某字古音某，是猶考禹貢者必認今日之某江某河卽虞夏時之九江，不尤誣乎？且吾書者意在表國字之有音系而不在求古音也，音雖不同而系自若也，則又安足病也。

---

❶ "均"與"韻"通，下不另注。——編者註
❷ 《切均》一書通用名爲《切韻》，下不另註。——編者註

《漢字聲統》序例十一年十二月

雖然，是書意不在明古音，然學者苟欲求古音，未嘗不可資之是書也。學者苟嘗讀錢竹汀、章太炎之書，又考閩粵之方語，則古今聲變略可知矣。又苟讀顧亭林、江愼修以下論古韵之書及陸法言之《切均陳》、彭年之《廣均》、陳蘭甫之《切均考》，則古今均變略可知矣。比如"己"字今爲見母，柔聲紙均，若知古見母無柔聲，又知其古均部屬之咍，則知"己"符孳衍字之改字卽"己"字之古音矣。又如"之"字今爲照母支均，學者若知今知母、照母之字古音多讀端母，"之"字古均屬之咍部，則知"之"符孳乳字之"臺"字卽"之"字之古音矣。同一不龜手之藥也，或以爲相，或不免於絣僻絖，是在用之者爲何如耳。

問者曰：《切韵》《廣韵》之爲書也，名雖爲均書，然凡同音之字則類而聚之，故近儒陳蘭甫得鉤稽之定爲聲類四十有一，此未有唐字母以前之聲系也。及有字母以後，宋人有《切均指掌圖》，下及明人呂維祺之《音韵日月燈》、清人李光地之《音韵闡微》，皆於各韵中取三十六字母爲次，以類系文字，此有字母以後之聲系也，然則子之書可以不作也。曰：《切韵》《廣韵》之類聚同音字也，蓋爲便於檢閱計耳，於製字之音系，蓋渺然無所涉也。比如音符"冬"之孳衍字，終、螽、颭、柊、汵在東韵，而苳、鶌、笗、䊮則列於冬韵，音符"宗"之孳衍字崈宩在東韵，賨、琮、悰則在冬韵，此以分韵而致紛歧者一也。又如音符"工"之孳衍字，功、攻、玒釭在東韵，汞字則董韵，巩字則在腫韵，貢虹等字又在送韵，此又以四聲不同分韵而致紛歧者也。呂、李之作，韵雖差寬，然其分崩離析，無殊《廣韵》，同出母胞，弟兄分散，欲識其同源，難矣。

問者又曰：自戴東原與段若膺書，首倡以音符爲系統。作《說文諧聲表》，於是段氏著有《六書音韵表》（乾隆四二年，西歷一七七七），嚴可均有《說文聲類》（嘉慶七年，西一八〇二）。戚學標有《漢學諧聲》（嘉慶八年，西一八〇三）。姚文田有《說文聲系》（嘉慶九年，西一八〇四）。江沅有《說文解字音韵表》（嘉慶十四年，西一八〇九）。朱駿聲有《说文通訓定聲》（道光十三年，西一八三三），張成孫有《說文諧聲譜》（道光十六年，西一八三六），苗夔有說文聲讀表（道光二十二年，西一八四二）。美矣備矣，蔑以加矣，則子之書殆可不作也。曰：否否，不然也。戴氏之發明音統，誠為創獲，顧諸家之書所謂以聲為系之聲，乃實為兼包聲韵二事之音。換言之，則以廣義之聲為系，與以狹義之聲爲系者異。戚氏自撰《凡例》，言其書略用聲近者相比附，不拘聲取音，兼與韵不同。今觀其書第一卷，以一、乙、乞、吉、畜、質、桼、栗勿等字為次，第二卷以十、入、麤、耳等字為次，則大都以韵相比附，非以雙聲之聲相比附也，此其不同者一也。又諸家自姚氏、戚氏外，皆用音符為線索以尋求古韵，而各定其部類，故段氏、江氏分十七部，嚴氏分十六部，朱氏分十八部，張氏分二十部，苗氏分七部。蓋其書爲諸家意中之古韵書，與吾書據音符之聲為基本以求今聲之變遷者殊異，此其不同者二也。諸家之書，大部皆以《說文》為名，故其字不出九千餘字之外，此與吾書兼採通用之字者異，此其不同者三也。

嗚乎！謂國字衍形而不衍音，則誣而不信。音統之書有韵統而無聲統，則缺而不全，愚今欲訂舊說之誣，補千年之缺，上以接造字之源，下欲窮今聲之變，此吾書之所以不能已於作也。

胡為乎而有《音符聲系表》也？曰：此吾書之主幹也，蓋音符者，造字之源，字之所以得聲也。古人以象形、指事、會意造

《漢字聲統》序例十一年十二月

字，至形無可象、事無可指、意無可會而其術窮，於是取三書之字為音符以為孳乳，此先民智進之徵，而國字音統之所由成立也。吾書以聲統字，首固當溯源於是，無可疑也。

古音凡音符之孳衍字必與其音符同音，揆諸形聲字之所以發生，此固為理之所宜然。今觀《詩》、《易》韵文，其證猶可歷歷數也，然至漢時則此律已隳矣。《說文》云："祓讀若被"，或讀若水波之"波"，知當時"被"與"波"已不同音矣。又"瑂"下云：眉聲，讀若眉；"朐"下云：句聲，讀若苟；"堆"下云：隹聲，讀若維；"璁"下云：恩聲，讀若蔥。此皆以同符之字譬況讀音，向令漢時音符同則讀音同，許君無勞贅述矣。又若"奱"下云：八聲，讀若頒，一曰，讀若非；"揄"下云：讀若俞，一曰，若紐，一字譬以兩音，則漢時音已變與古異，又可知矣。治古韵者往往以許君譬況之音與音符韵部不合，至於支離繆轕，若江子蘭之表《說文》，龍翰臣之通古韵。果如所為，將謂今人音讀可與漢異，漢人音讀必不可與古異乎？斯亦惑矣。（古韵至漢而界畫淆，顧氏《唐韵正詳》言之，治古韵者無不讀顧書，乃以崇許過甚昧此，斯所謂蔽於目睫者也。）

且音符者，又後世聲變之樞紐也。《舊唐書·嚴挺之傳》云："時戶部侍郎蕭炅不知書，嘗與挺之言，稱伏臘誤為伏獵，挺之見張九齡曰：'省中而有伏獵侍郎乎？'"此以同符之字音讀久歧，約定俗成，偶然違異，故為姍笑。向令溯源於造字諧聲之始，同出一符，本無異讀，則據獵讀臘，未為誤也。且今一字數音，往往不出於兄弟字（同音符之字為兄弟字，如"朗"與"郎"同出"良"符是也）之音讀，然則人之為伏獵侍郎者亦夥矣，特舉世皆然，故不為異耳。

何取於俗字而系之也？曰：此許氏之家法也。許書"諴"下載誌云，俗諴從忘。"肩"下載肩云，俗肩從戶。䑗下載䑙云。俗䑗從光。䀠下載䑋云，俗䀠從肉農聲。"肣"下載肣云，俗肣從肉今，"鑫"下載鎡云，俗鑫從金兹聲。"𧯛"下載豉云，俗𧯛從豆。"躬"下載躳云，俗或從弓身。"褎"下載袖云，俗褎從由。"先"下載簪云，俗從竹從朁。"歠"下載嚽云，俗歠從口從就。"扫"下載抑云，俗從手。"灕"下載灘云，俗灕從隹。"冰"下載凝云，俗冰從疑。"蠱"下載蚊云，俗從虫從文。"由"下載塊云，俗由從土鬼。采下載穗云，俗從禾惠聲。此許君明言其為俗字而采之者也。又"鬲"下載漢令歷字，"織"下載樂浪挈令絘字，此又明言其為漢時之字而錄之者也。段氏玉裁曰："《說文》而下，《字林》所載，即多《說文》所無，苟有合於指事、象形、形聲、會意之法，考文者所不廢也。段氏之言如是，顧其注《說文》，則力排後起之字，殆所謂行不顧言者矣。今考文字，必如段茂堂、江艮庭之所為，而背本師之許君，得毋謬乎？

且所謂今古雅俗者亦至無定矣，比如"子"之為"崽"，"之"之為"的"，今所謂俗字也，然考諸古韵，"子"在咍部，則子之古音本如崽也；"之"為照母，古音多讀端母（錢竹汀曾言之，則"之"之古音聲本同"的"也）。"之"古韵亦在咍部，當讀如"臺"，聲音轉變，"子"之不讀舊音，而口舌相傳，舊音不廢，音與字不相應，後人乃於"子"、"之"之外別造"崽"、"的"（"崽"字見於《方言》，漢時字也）。知此字音變當在西漢末以前）。是故以形為言，則"子"、"之"先而"崽"、"的"後，以聲而論，則"崽"、"的"古而"子"、"之"新。況字形屢變，"子"、"之"非復舊形，而十口相傳，"崽"、"的"猶存古讀，縱讓步言之，亦各據雅俗之半耳，必欲是丹非素，殆不其然。

胡爲乎而有《音符分類表》也？曰：此方以類聚，物以羣分之義也。讀者欲知國字音符之多少，可以是一覽而盡也。

胡爲乎而有《音符孳乳表》也？曰：分類表者，以同音而類聚者也，其音符互相孳乳之方不可得而見也，今以初音符之音爲綱，沿流以求其次三四五，猶譜牒之世系表，子繫之父，孫繫之子，而一家血統之傳瞭然明白矣。

孳乳之說何據？曰：據許氏之書。許氏之書，文字學之寶典也，其許所未言，今則據聲音以補其缺失。比如"或"、"國"同訓爲"邦"，"蜮"之重文爲"蜾"，知"或"即古"國"字，"國"當從"或"得聲矣。"奇"之古音同"科"，其孳衍字"猗"讀如"阿"，則"奇"字當從可得聲矣。凡此之類，皆許君所偶遺，而今確知其當然者也。

胡爲乎而有《非形聲字表》也？曰"將以此與音統之字合以示國字之全部，而又可令讀者較二者之多少，知屬於音統之字其多若彼，而與音統不相涉之字不過爾爾也。

民國十一年十一月二十日

《老子古義》自序 十一年十一月

民國六載，南北交鬨，余居家園，適爲兩方爭攫之地。一日，南帥宵去，明旦，余出門，則見商肆嚴扃，居民扶老攜幼，婦女攜將筐篋，謀避地者絡繹於道，號呼之聲慘不忍聞。余時痛極，心念老子"天地不仁"，以萬物為芻狗；聖人不仁，以百姓為芻狗"之語，私謂命世哲人早知此矣，故曰"兵者，不祥之器。"自是學校閉門，絃誦輟響。余感念既深，復多暇晷，乃取《韓非·解老》、《喻老》、《淮南·道應》諸篇手自迻錄，繼復搜檢諸子古史之說《老子》者附益之，合為一帙，凡五十日而錄竟。以余舊有《周易古義》，是篇體式不違，遂名曰《老子古義》。去歲郎園先生北來，將稿請益，猥以合於仲尼述而不作之旨，頗蒙贊許。余亦念刑名源於道德，秦漢時儒者類多服習老氏，則是編雖成於一時之感奮，而於學術源流庶幾無悖，故取付書坊，印而布之。亦知倉卒集事，容有遺脫，補苴罅漏，期諸他日云爾。

民國十一年十一月卅日

讀劉叔雅《淮南鴻烈集解》十三年元旦

余久聞有二劉君校釋《淮南》，渴欲先讀者久矣。今北大教授劉叔雅君之《集解》已由商務印書館出版（聞另一劉君之本當由中華書局出版），其書體例大致仿王氏先謙集解《荀子》之法，薈萃清代諸儒成說而復廣取唐宋類書所引《淮南》本文詳加勘校，用力甚勤，信為初學讀書者極便利之本。顧千慮之失，智者不免，余以事忙，未暇卒讀，但僅就余所已讀諸卷，頗多私心不愜之點，茲頗條舉以質之劉君及諸同好，意欲以真理為歸，非求為苟異也。

一、所據本之失擇

自來校《淮南》書用力最勤而所得最多者莫如高郵王氏父子（本書胡君適之序曾及之），此學者所公認也。然王氏念孫最後評論諸本之說云：余未得見宋本，所見諸本中，惟道藏本爲優，明劉績本次之，其餘各本皆出二本之下（見《讀書雜誌》九之二十二）。據《雜誌》九王引之所錄宋本未誤各條，則宋本似極可據。然《四部叢刊》所印寫宋本，據陳奐序文，即是顧千里所見王氏所舉未誤之本，其書訛誤頗夥，劉君不據爲底本，自有其不得已之理由。如此，則劉君似宜根據王氏精校數年之結果，以道藏本爲底本，而以他本輔之，乃爲得策（道藏本白雲觀即有之）。今觀劉君所據，乃是莊逵吉本，如《原道訓》云（卷一葉十六）："凝結而不流。"劉君引王校云："道藏本、朱本、茅本皆作"凝竭"，劉績不知其義而改"竭"爲"結"，莊本從之，謬矣。

又同篇云（葉二十五）："一失位，則三者傷矣。"劉君引王校云：道藏本、朱本作"二"，莊刻依諸本作"三"，非也。

《天文訓》云（卷三葉七下）："太白元始以正月建寅與熒惑晨出東方。"劉君引王校云："此本作太白元始以甲寅正月與營室晨出東方"，莊本改"甲寅"爲"建寅"，尤非。

又《本經訓》（卷八葉七下），劉君引王校云："自茅本始移六者之注於此文下，而次鑿齒之注於猰貐之下、九嬰之上。"則是以已誤之正文改不誤之注文也，莊本從之，謬矣。按劉君集解本之注正與莊本同。

又《主術訓》（卷九葉九上），劉君引王念孫云："高注云，不飭爲美，亦不極爲善也。"道藏本、劉本、朱本、茅本皆如是，莊改不極爲不枉，謬甚。按集解與莊本同。

　　蓋莊本校勘未諦，錯誤甚多，故王校糾繩殊不少（詳《讀書雜志》）。如劉君以道藏本爲主，則此等誤字皆可不改而自改，今正文則仍莊本，而所采之校語則糾莊本之失，謂劉君右莊耶？則固明載糾莊之王校而未嘗加以駁正也。謂劉君右王耶？則本文固明是王校所認爲誤字者也。此得無進退失據，而令初學者迷惑不知所從耶？（或謂不用莊本，則王校糾莊諸條無可附麗。此謬說也，校古書者但求原書文字之正確，豈可以本文就校語耶？且卽欲多采校語，則著者於校語之前申明某字莊本作某，下列王校可矣，爲何乃犧牲本文以就校語耶？）

二、本文之失校

　　劉君於唐宋類書及《文選》注所引《淮南》之文搜討極勤，此實爲劉君對於本書極忠實之點，然亦間有遺脫者。如《地形訓》云（卷四葉八下）："善遊能寒。"劉君讀能爲耐，是也。按《意林》引此正作耐，劉君未及引證。《淮南》之爲書，本是左右采獲而成，今其本文散見於諸書者至多，劉君於此等似未詳校。如卷四葉九下云："八主風，風主蟲，蟲故八月而化。"按八月而化，《大戴禮》《易本命篇》《家語·本命解》雖同，月字實是誤字。孔廣森《大戴禮補注》已訂正之。按《說文》風字下云："蟲八日而化。"《春秋考異郵》《論衡·商蟲篇》皆同，則月爲日字之誤無疑。桂馥《說文義證》校此條云："前皆言生，故以月計；此獨言化，當以日計。螟蠕化爲蜾蠃，實八日也。"說尤精確。然諸本日皆誤作月，惜劉君未及據《說文》等書刊正也。又如《時則訓》云（卷五葉九）："令四監大夫命百姓之秩芻以養犧牲。""令"字本不可通，明是"合"字之誤。《禮記·月令》及《呂覽》皆作合，其明證也。又高注云："秩，常也，常所當出芻，聚之以養犧牲也。"高亦正以聚訓合。然寫宋本、莊本皆誤作"令"，劉君遂亦仍其誤矣。

《齊俗訓》云（卷十一葉六）："故亂國若盛，治國若虛。亡國若不足，存國若有餘。虛者，非無人也，皆守其職也。盛者，非多人也，皆徽於末也。有餘者非多財也，欲節事寡也。不足者，非無貨也，民躁而費多也。按亡國自不足，存國自有餘，不得云若。"且與上文亂國若盛、治國若虛文例不類。又皆守其職，故類無人；皆徽於末，故類多人。而"有餘者非多財也"以下又與此文不類。蓋此文"存亡"二字當互易。"欲節事寡也"與"民躁而費多也"二句亦當互易。《鹽鐵論·本議篇》云："貧國若有餘，非多財也，嗜慾衆而民躁也。是其證矣。"此乃淺人妄改之，故不可通，然諸本皆誤，劉君亦未及刊正也。

三、高注之失校

高注《淮南》，文頗簡奧，後人傳寫，訛誤至多，劉君於此等似亦未細加勘校。

《原道訓》（卷一葉十五下），高注云："質的，射者之準執也。"按"執"字義不可通，明是"埶"字形近之誤。《大雅·行葦》傳云："已均中埶。"鄭箋云："埶，質也。"《漢書·司馬相如傳》："弦矢分，埶殪仆。"文穎注云："所射準的爲埶，埶字又作藝。"文六年《左傳》云："樹之藝極。"杜注云："藝，準也。"按《說文》云，"臬，射準的也"。蓺、藝聲與臬近，故相通假。此皆"準執"當作"準蓺"之證，然莊氏原本誤作"執"，劉君亦竟仍之，未能刊正。

又《時則訓》（卷五葉八下），高注云："《詩》云：鼉鼓洋洋。"按今《毛詩·大雅·下武篇》作"鼉鼓逢逢"。"洋"與"逢"聲不相近，明是誤字。考《呂覽·季夏紀》及《諭大篇》高兩引此詩均作"韸韸"，則"洋洋"是"韸韸"之誤無疑。《毛詩》釋文云："逢亦作韸。"韸韰形近，亦韸之誤字。又《一切經音義》八引郭璞《山海經注》亦作"韸韸"，此皆足證"洋"為誤字。莊氏未及細校，而云："洋洋，《詩》異本也。"乃是肊說。劉君亦未能據《呂覽》注以正之也。又同篇云（卷五葉六上）："命太尉贊傑俊。"高注云："才過千人為傑。"按"傑俊"連文，不宜單釋"傑"而舍"俊"不言，明此有脫文。《呂覽》注云："千人為俊，萬人為傑。"則此注千人之下脫"為俊萬人"四字明矣。然寫宋本、莊本之誤如是，而劉君又仍之。夫《淮南·時則》一篇，與《呂覽》十二紀文字多同，注又同出高誘一人之手，最好互相勘校以求真是，而劉君乃棄而不校，不太辜負此等好材料耶？

四、成說之失勘與失引

夫前人校書雖極精能，然亦容有疏失，集解者不當僅引其成說，自當細加檢校，劉君於此似未注意也。如：

《地形訓》云（卷四葉十一下）："凡海外三十六國。"《集解》引王引之云"《論衡·無形》《談天》二篇並作三十五國。"今歷數下文，自修股民至無繼民，實止三十五國，六字誤也。

今據莊本數之，西北至西南自修股民至三身民，為十國；西南至東南自結胸民至修臂民為十三國；東南至東北自大人國至勞民為六國；東北至西北自跂踵民至無繼民為七國，合數之，實是三十六國。王氏云三十五國，實為誤數。惟明朱東光本少羽民一國，王氏或據朱本數之。然《山海經》實有羽民，即《論衡·無形篇》亦云海外有三十五國，有毛民、羽民。然則《淮南》自應有羽民，朱本實是誤脫。且王氏既見莊本，而莊本既是三十六國不誤，則王氏自不應據脫誤之朱本而疑不誤之正文。此為王氏之疏失，毫無可疑，而劉君集解既據不誤之莊本，而所引王校乃以不誤者為誤，劉君竟不加駁正，何耶？得毋信任王氏之心過甚，遂不復細勘耶？

前人成說涉及《淮南》者，劉君未及備引，胡君適之序文亦已摘其失引《方言箋疏》矣，然此或以成書較促，未及遍搜。至若劉台拱之《淮南子校補》一卷，別自成書（廣雅書局《劉氏遺書》內），而《讀書雜志補》王引之所載顧千里所校諸條，亦未及采入，此又劉君之偶疏也。

五、體裁之失

前文云云，內容之失也，若其形式上體裁之失，則亦有可言者。今分三項言之，即（一）隔斷注文，使正文與注文不相連絡；（二）引前人成說先後倒置；（三）交代不清。

（甲）隔斷注文

卷二葉一上"繁憤……堁塢"下置王校，次"無無……物類"下置高注云:"繁憤,眾積之貌,發憤也。"

如此,高注所釋之本文,與高注不相連屬矣,令讀者迷惑不少。又如:

卷二葉十四下"施及周之衰"下置王校,次"澆淳散樸"之下置高注云:"施讀難易之易也。"

卷七葉八下"甘暝太宵之宅"下置《集解》,次"休息……之野"下置高注云:"太宵,長夜之中。"云云。

同卷葉九上"是故眞人之所游"下置《集解》,"若吹……滑心"下置高注:"游,行也。"云云。

卷九葉六下"兵莫憯於志,而莫邪爲下"下置《集解》,次"寇莫……為小"下置高注云:"憯,猶利也。"云云。

其弊亦同。今欲救此失,當有兩法,即一將高注提前,或則置校語於高注之後。按前人校書,凡舊注位置,不肯輕為移置,則自當用後法,置校語於高注之後。如此,則正文與注文可以保持其聯絡矣。

(按此置校語失之太前之過也。亦有失之太後而使本文與校語不相聯絡者。例如,五卷二葉下"鷹化為鳩"下引王引之校語,乃校上文"桃李始華"者。"桃李始華"之下旣有高注,則此校語卽應置此句高注之下,不必因校語引及"蒼庚鳴"云云,遂置之於下也。又如九卷二十二葉上"反以事轉任其上矣"下引王念孫校語,乃校上文"與臣下爭"一句者,本文與校語之中間竟有三節之多(按今以正文帶注文為一節),讀者之不便甚矣,應改置當句之下。又按劉君之為此,乃據《雜志》原標題為之,但《雜志》體裁不載全文,故非將所引及之下文標出,則讀者不便。《今集》解旣全載本文,則校語所引及之下文,讀者一見自知,何得照原標題為位置,使正文與校語不相聯屬耶?)

（乙）引成說前後倒置

卷六葉十三下"金積折廉壁襲無理"下先引孫詒讓說，後引王引之說。

按此以時代論，王應在孫之前，然立說內容，孫校上一句，王校下一句，尙得以循正文之次序為解也。

卷一葉三下"昔者馮夷大丙之御也"下先引陶方琦說，次引洪頤煊說。

按洪係嘉道時人，陶係光緒時人，不應先陶而後洪。

卷二葉六下"唯體道不能敗"下先引洪頤煊說，次引王念孫說。

按二人校語同校一句，又內容相同，然王氏立說在洪氏之前。劉君先洪而後王，頗不可解。

卷八葉八下"為璇室瑤台象廊玉牀"下先引陶方琦說，後引王念孫說。

按據時代論，固當先王而後陶。又校語內容，王說係於為上補"桀"字，陶說係釋"廊"字之義，則卽以本文之次序言之，亦當先王而後陶也。劉君先陶而後王，何耶？（據此條，則劉又並不以正文為準也。）

（丙）交代不清

卷八葉二上云："電霰降虐。"《集解》引王校云云。電當為雹，草書之誤也。……文典謹案王說是，今正。

按此當於引王說之前，說明電舊本作電，然後再引王說，乃不致使讀者眩惑。今劉君只於最末加一按語，而無此句，則交代不清。又《天文訓補注》最好散置《天文訓》之下，乃為便於學者，今又別行，豈以分量不均故爾耶？然可不必也。

六、標題之失

劉君於第一卷標題《淮南鴻烈集解》，次行上截題銜"漢涿郡高誘注"，下截題銜"合肥劉文典《集解》"，第二卷以下又無此行。今按古以《集解》名書者，有晉范寧之《穀梁傳集解》、宋裴駰之《史記集解》等，然范書標題，但題《春秋穀梁傳》卷幾，晉范寧集解；《史記》亦但題《史記》卷幾，宋中郎外兵曹參軍裴駰集解，皆不於原書名下標"集解"之名。近日王氏先謙之《荀子集解》，亦首題《荀子》卷之幾，次題唐登仕郎守大理評事楊倞注，再次題長沙王先謙集解。劉君既題高誘注一行，最好承用此式。如劉君必於大題標署集解之名，則漢涿郡高誘注一行即不當有。此有理由二：一則高誘所注乃淮南王書，非"淮南集解"也，並存則論理不合；二則本書既是"集解"，則高注亦可包括在"集解"之中，不必另行標出。

又大題既標"集解"，則著者姓名之下不必複出"集解"字，但題籍貫、姓名（王先慎《韓非子集解》却用此式），或題某地某人著可矣。劉君書第一卷及第二卷以下所標題皆失之。

按以上形式之失，讀者或不免謂吾於著者有意吹毛求疵，然前人校書方法本極精密，幾乎盛水不漏。劉君偶未注意，故吾特鏤析言之，欲令今後有志校書者知所取法耳。

七、結論

近數十年來讀《淮南子》者，普通莫不用莊本，今讀者若仍用莊本，則清儒校勘成說皆不可得見。又劉君自校頗多，亦多有可取之處，故吾謂劉君此書足以取莊本而代之也無疑。初學之士欲讀《淮南》者，在今日吾未能證實另一劉君之本勝於此種以前，自當推劉君《集解》為最善之本。吾恐因吾此文而令學者有所誤解也，故特重言以申明之。

十三年元旦

《鹽鐵論校注》自序_{十三年一月}

漢自武帝用兵四夷，財用匱乏，興鹽鐵酒榷之利，民頗病之。及昭帝始元六年，詔丞相車千秋、御史大夫桑弘羊與所舉賢良文學語，問以民所疾苦，於是賢良文學請罷鹽鐵酒榷，昭帝從之，所謂鹽鐵之議是也。宣帝之世，汝南桓寬次公推衍其議文，增廣條目，著書六十篇，是為《鹽鐵論》焉。余嘗謂漢廷此事，令一二大臣與數十儒生侃侃論政，實啟今日民獻議政之先聲。而其究也，朝廷竟俯從眾議，罷止病民之政，此在大君專制之朝，誠僅見之事也。又古兩造論事之書不可多見，如班書載王恢、韓安國爭論馬邑之事，讀史者且詫為奇文。桓書所述丞相、御史大夫與賢良文學對答之詞，乃至數十反，是又古書中僅有之作也。至若桑大夫稱述管商、賢良文學服習周孔，儒法二家之徒各以其所學對壘抗辨，而法竟絀於儒，不尤足以觀兩家學術消長之故乎？桓氏書之有注，蓋舊矣，觀《太平御覽》卷九百十二獸部引《輕重篇》注文可證也。然則其注北宋時猶存，而今則不可見矣。明嘉靖間，雲間張氏之象嘗為之注，頗以宂蔓見譏（其書有張氏猗蘭堂原刻本，今通行張氏注本，注至簡略，非張氏原書也）。張氏於桓寬書篇第、字句妄為割裂增易，識者病之。清乾隆時，盧抱經學士嘗取《永樂大典》所載桓書及明弘治涂禎刻本以校張書，多所是正。嘉慶中，蕭山汪因可嘗為桓書箋釋而未成書（見陳春《湖海樓叢書序》及王紹蘭《潛夫論箋序》）。前汪氏數年，顧千里嘗為陽城張氏敦仁重刻明涂禎十卷本，並為之考證（張氏序文即千里代撰，今見顧氏《思適齋集》卷九，故周氏《紛欣閣叢書》逕題顧千里考證）。涂刻出自宋刊，卷數與隋志相合，既遠非張本可比。而顧氏以校勘名世，其所考證尤能疏抉疑滯，令人解頤。張、盧誤校亦多糾正，信可謂有功於桓氏書者也。距今三十餘年，吾邑先輩王葵園先生重刊陽城張氏本，以盧、顧二氏所校皆別自為書不便誦習，因取以散入正文。又附以湘潭王、胡二君之說，而王氏又詳校唐宋類書，別為校語小識一卷，於是桓氏之書漸可讀矣。然桓書采掇豐夥，義旨閎深，又多存古言，傳寫日久，頗多脫誤。王氏嘗致唭於義蘊閎富未易推尋者，良有以也。余少好是書，輒喜瀏覽；弱冠出遊，遂爾荒棄；歸國以後，重理舊文。每讀是書，私謂自盧、顧、王諸君及近日俞樾、孫詒讓二家所校外，仍多賸義，而諸家立說亦時有疏違，未可盡據，遂自忘其譾陋，隨手箋記，或疏證出處，或校正誤文。又平日讀近代諸儒之書有涉及桓書者，亦加甄采。去夏南歸，從郎園師假得景寫元麻沙坊本、九行涂本及胡維新兩京遺編諸本，詳加讎校，丹黃幾滿，而歙縣吳君檢齋、鹽城孫君蜀丞同客京師，具有同好，往復商榷，時獲新知。近者端居多暇，略加排比，以付寫官，顏曰校注。固知微文奧義，遺缺尚多，惟以義存蓋闕，未敢鑿空強說，如獲當世通人加之訓誨，俾得於他日改訂，不惟著者之幸，抑亦學林之佳事也。

民國十三年一月三十日

《漢書補注補正》自序_{十三年三月}

家大人喜讀史，少時侍坐，竊見治司馬氏《通鑑》，日有定程，余兄弟幼承訓誨，故亦皆好史籍，而余尤嗜班書，每讀一篇，三復不忍釋手。同邑先輩王葵園先生著《漢書補注》，薈萃成說，卓有翦裁，地理一志尤為卓絕，信可謂美矣。余年來籀讀一過，輒復拾遺補闕，疏記簡端，卒業檢覽，亦頗有可存者，因令人鈔寫成帙，顏曰《漢書補注補正》。余讀本為吾師平江蘇厚盦先生舊藏，書眉時有先生遺墨，且頗有自訂其誤說者，亦並錄之，凡稱蘇先生云者是也。天文余所未習，《律曆志》業有湘陰周正權君所為補注訂誤，故並不及云。憶民國三年，葵園先生避地於長沙東鄉之涼塘，余以蘇先生身後事與同學劉君廉生偕訪先生。時先生居方丈陋室，榻前設案，滿堆故書，前窗糊紙，中安小玻璃一方，先生日坐其中，著述不輟。蓋先生時年七十餘矣，老輩好學之風，至今追憶，每懷悚敬。先生虛懷若若谷，其所著書，於後生末學毫毛之善必加節取，惜余此卷晚成，不獲於先生之前執簡請益也。

民國十三年三月十四日

漢代老學者考 十三年六月

漢世《老子》之學盛行，《詩》家如韓嬰所著《韓詩外傳》稱述老子之言。又如董仲舒，力主屏百家以尊儒術者也，其所著書中亦頗有道家言。然則文、景二帝好《老子》，其風所被廣矣。余今考得傳記明載習《老子》或稱好其術者，凡得五十許人，其非毀《老子》者凡二人，所據以司馬、班、范、荀、袁五家之書為主，其有漏略，他日詳焉。

蓋公、曹參

《史記·曹相國世家》云：參之相齊……聞膠西有蓋公善治黃老言，使人厚幣請之。既見，蓋公為言治道貴清靜而民自定，推此類具言之。參於是避正堂，舍蓋公焉。其治要用黃老術，故相齊九年，齊國安集，大稱賢相。

又《樂毅傳》贊云：樂臣公學黃帝、老子。樂臣公教蓋公，蓋公教於齊高密膠西，為曹相國師。

又《太史公自序》云：曹參薦蓋公言黃老。

陳平

《漢書·陳平傳》云：少時家貧，好讀書，治黃帝、老子之術。

田叔

《史記·田叔傳》云：叔喜劍，學黃老術於樂巨公所。
《漢書·田叔傳》云：叔好劍，學黃老術於樂鉅公。

河上公、漢文帝

河上公序《老子》云：親以所注《老子》授文帝。
《史記·禮書》云：孝文卽位，有司議欲定儀禮。孝文好道家之學，以為繁禮飾貌無益於治。
《風俗通·正失篇》云：然文帝本脩黃老之言，不甚好儒術。
《隋書·經籍志·道德經》注云：漢文時河上公注。

司馬季主

《史記·日者傳》褚先生補云：夫司馬季主者，楚賢大夫，游學長安，通《易經》，術黃帝、老子，博聞遠見。

竇太后、漢景帝、竇氏子弟

《漢書·田蚡傳》云：太后好黃老言。
又《外戚傳》云：竇太后好黃帝、老子言，景帝及諸竇不得不讀《老子》，尊其術。
又《儒林傳》云：太皇、竇太后喜《老子》言，不說儒術。樹達按，《漢書·楊雄❶傳贊》謂景帝以為《老子》過於五經，見後司

---

❶ "楊雄"當為"揚雄"，下文不另作註。——編者註

馬遷條下。

又按，文帝、竇后、景帝皆習《老子》，則一家夫婦父子同好也。

直不疑

《史記·萬石張叔傳》云：不疑學《老子》言。
《漢書》同。

王生

《史記·張釋之列傳》云：王生者，善為黃老言，處士也。
《漢書》同。

汲黯

《史記·汲鄭列傳》云：黯學黃老之言。
《漢書·汲黯傳》云：黯學黃老言。

鄭當時

《史記·汲鄭列傳》云：鄭當時者，字莊。莊好黃老之言。
《漢書·鄭當時傳》云：當時好黃老言。

黃子、司馬談

《史記·太史公自序》云：談為太史公，太史公習道論於黃子。
《漢書·司馬遷傳》同。師古曰：黃子，景帝時人也。《儒林傳》謂之黃生，與轅固爭論於上前，謂湯武非受命乃弒也。

司馬遷

《漢書·楊雄傳贊》云：桓譚曰："昔老聃著虛無之言兩篇，薄仁義，非禮學，然後世好之者尚以為過於五經，自漢文、景之君及司馬遷皆有是言。"

樹達按，談、遷父子世學《老子》。

楊王孫

《漢書·楊王孫傳》云：楊王孫者，孝武時人也，學黃老之術。

劉德

《漢書·楚元王傳》云：德字路叔，少修黃老術。德常持老子知足之計。妻死，大將軍光欲以女妻之。德不敢取，畏盛滿也。

荀悅《漢紀》十八云：宗正陽成侯劉德者，辟彊之子也，好黃老術。

樹達按，德為劉向之父，向有《老子說》，見《藝文志》，亦父子世學《老子》也。

鄧章

《漢書·晁錯傳》云：建元中，上招賢良，公卿言鄧先。鄧先時免，起家為九卿。一年，復謝病免歸。其子章以修黃老言顯諸公間。

嚴遵

《漢書·王貢兩龔鮑傳》云：蜀有嚴君平。君平卜筮於成都市，裁日閱數人，得百錢，足自養，則閉肆下簾而授《老子》，依老子、嚴周之指著書十餘萬言。

《蜀志·秦宓傳》云：嚴君平見黃老，作《指歸》。

《隋書·經籍志·道德經》注云：梁有隱士嚴遵注二卷。

劉向

《漢書·藝文志》有劉向《說老子》❶四篇。

樹達按，《志》又有《老子鄰氏傳》四篇，《傅氏經說》三十七篇，《徐氏經說》六篇，不確知為漢人，不錄。

蔡勳

《後漢書·蔡邕傳》云，六世祖勳，好黃老，平帝時為郿令。

安丘望之、耿況、王伋

《後漢書·耿弇傳》云：父況，字俠游，以明經為郎，與王莽從弟伋共學《老子》於安丘先生。李注引稽康❷《聖賢高士傳》曰：安丘望之，字仲都，京兆長陵人，少持老子經，恬淨不求進宦，號曰安丘丈人。成帝聞，欲見之，望之辭不肯見，為巫醫於人閒也。

---

❶ 前文劉向所著為《老子說》。——編者註
❷ "稽康"當為"嵇康"。——編者註

皇甫謐《高士傳》云：望之著《老子章句》，故《老子》有安丘之學，扶風耿況、王伋等皆師事之，從受《老子》。

《隋書·經籍志·道德經》注云：梁有漢長陵三老毋丘望之注二卷。作毋丘，不同。

班嗣

《漢書敘傳》云：嗣雖修儒學，然貴老嚴之術。<small>按漢人諱莊為嚴</small>

杜房

《弘明集》五引桓譚《新論·祛蔽篇》云：余嘗過故陳令同郡杜房，見其讀老子書，言老子用恬淡養性，致壽數百歲。

甄宇

《東觀漢記》云：宇清靜少欲，常稱老氏知足之分。

馮衍

《後漢書·馮衍傳》，衍自論云：年衰歲暮，悼無成功，將西田牧肥饒之野，殖生產，修孝道，營宗廟，廣祭祀，然後闔門講習道德，觀覽乎孔老之論。

樹達按，自論又云：馮子以為夫人之德，不碌碌如玉、落落如石。又《顯志賦》云：大老聃❶之貴玄。又云：名與身，其孰親？皆用《老子》文，則衍誠慕老者也。

---

❶ "老聃"當為"老聃"。——編者註

向長

《後漢書·逸民·向長傳》云：好通《老》《易》。

高恢

《後漢書·逸民·梁鴻傳》云：鴻友人京兆高恢少好《老子》，隱於華陰山中。

任光

袁宏《後漢紀》二云：光好黃老言，為人純厚。
樹達按，范書不載。

任隗

《後漢書·任隗傳》云：隗少好黃老，清靜寡欲。
《後漢紀》同。
樹達按，隗，光之子也，此亦父子世學。

范升

《後漢書·范升傳》云：及長，習梁丘《易》《老子》，教授後生。

淳于恭

《後漢書·淳于恭傳》云：恭喜說《老子》，清靜不慕榮名，進對陳政皆本《道德》。

楚王英

《後漢書·楚王英傳》云：英少時好游俠，交通賓客，晚節更喜黃老學。

鄭均

《後漢書·鄭均傳》云：均少好黃老書。
《東觀漢記》云：均治《尚書》，好黃老，淡泊無欲，清靜自守，不慕游宦。

樊融

《後漢書·酷吏·樊曄傳》云：子融，有俊才，好黃老，不肯為吏。

樊瑞

《後漢書·樊準傳》云：父瑞，好黃老言，清靜少欲。

翟酺

《後漢書·翟酺傳》云：好《老子》。

馬融

《後漢書·馬融傳》云：注《孝經》《論語》《詩》《易》《三禮》《尚書》《列女傳》《老子》《淮南子》《離騷》。

楊厚

《後漢書·楊厚傳》云：歸家修黃老，教授門生，上名錄者三千餘人。

周勰

《後漢書·周勰傳》云：常隱處竄身，慕老聃清淨，杜絕人事。

矯慎

《後漢書·逸民傳》云：矯慎少學黃老，隱遯山谷，因穴為室，仰慕松、喬道引之術，與馬融、蘇章鄉里並時。

漢桓帝

《後漢書·循吏·王渙傳》云：延熹中，桓帝事黃老道。又《西域傳》云：桓帝好神，數祀浮圖、老子。

樹達按，此竟以老子為教主矣。

張角

《後漢書·皇甫嵩傳》云：初，鉅鹿張角自稱大賢良師，奉事黃老道，畜養弟子，跪拜首過，符水呪說以療病者，頗愈，百姓信向之。

樹達按，此後世道教之始，與老子之學蓋遠矣。

向栩

《後漢書·獨行傳》云：向栩，向長之後，恆讀《老子》。

樹達按，長好《老子》見前，此亦家世其學也。

折像

《後漢書·方術傳》云：像能通京氏《易》，好黃老言。

劉先

《後漢書·劉表傳》注引《零陵先賢傳》云，先字始宗，博學強記，尤好黃老，明習漢家典故。

馮顥

《華陽國志》云：馮顥，字叔宰，廣漢郪人也，作《易章句》，修黃老，恬然終日。

附非毀老子學者二人

轅固生

《漢書·儒林傳》云：竇太后好老子書，召問固，固曰：此家人言耳。

劉陶

《後漢書·劉陶傳》云：陶著書數十萬言，又作《七曜論》，匡《老子》，反韓非，復孟軻。

十三年六月三日

積微居文錄卷上竟

積微居文錄卷中

劉武仲先生《助字辨略》跋 十四年三月

　　確山劉武仲先生《助字辨略》五卷，初刻於清康熙五十年辛卯，刻者為海城盧氏承琰。越六十八年，為乾隆四十四年己亥，長白國泰得其書於盛氏柚堂，取而重刻之。又越七十六年，為咸豐五年乙卯，聊城楊氏以增得傳鈔本，延高君均儒重刊，是為海源閣本。此三本皆鏤板也。最近有文學社據海源閣排印之巾箱本，不知其排印年月，蓋當在清末時。盧氏初刻余未得見，國氏所據當為盧刻，故簡首有盧氏序文。海源閣所據之傳鈔本亦係據盧刻，而高君伯平校勘時似未見國刻本，故頗有國刻字不訛誤而楊刻誤者；楊刻卷首亦無國序，皆其證也。余去夏南歸省親，舍弟季常欲刻舊籍以益學子，問余以應首何書。余舉此書及王氏《經傳釋詞》、俞氏《古書疑義舉例》對，弟因首刻此編及俞書。此編底本亦用海源閣本，余頗取國刻對勘，凡楊刻避清諱之字，皆為迴改；遇文義不可通者，頗檢閱原書勘正之；其楊本所無之國泰序文及劉氏毓崧伯山《通藝堂集》之跋文則附載焉。此書與王氏《釋詞》相較，自有遜色，然亦有精審過於王氏之處。伯山跋文取二書細加比勘，詳哉其言之矣。惟伯山所言亦尚有未盡者，如《左傳・宣十二年》"訓之于民生之不易"，此書訓 "于" 為 "以"，最為精核。余於續補俞氏書已申證之，而王書則未及也。《公羊傳・隱二年》："前此，則曷為始乎此？託始焉爾。"何休云：焉爾猶於是也。王氏《釋詞》從其說。劉氏則云：此焉爾亦語已辭。若以為於是，則紀子伯者何無聞焉爾，寧可作於是邪？《莊子・德充符篇》："子產蹴然改容更貌

劉武仲先生《助字辨略》跋十四年三月

曰，子無乃稱。"王氏《釋詞》云：子無乃稱，猶曰子無稱是言也。而劉氏則云：乃字合訓如此，言無爲如此稱說也。此二事衡校兩家，劉氏之說皆勝於王氏。《史記·東越傳》：且秦舉咸陽而棄之，何乃越也？劉氏云：何乃，猶云何但。《史記·高帝紀》：漢王以故得劫五諸侯兵。劉氏云：以故猶言因是。_{章太炎《新方言》云：故猶此也。}此二說，又王氏《釋詞》所未及者也。然劉氏書亦有偶不審核至於誤解者。如卷一引張曲江文"以誠告示，其或之歸，韓文學者不之能察。"此二"之"字皆代字，乃"其或歸之"，"不能察之"之倒文。而劉氏謂二"之"字並語助辭。《戰國策》："與不期眾少，其於當厄；怨不期深淺，其於傷心。"注云：其，指物辭，猶在也。今按此"其""其"字，卽上文不期眾少、不期深淺之期，此正俞氏《古書疑義舉例》所謂上下文異字同義者也。而劉氏但云，此"其"字與《易·繫辭》"其旨遠，其辭文"之"其"字義別，未能糾正舊說。《漢書·刑法志》："筵長五尺，其本大一寸。其竹也，末薄半寸。""其竹也"之"其"與"若"字義同。《漢書·成帝紀》："欲爲吏，補三百石。其吏也，遷二等。"《匈奴傳》："匈奴俗見漢使非中貴人，其儒生，以爲欲說，折其辭辨。""其"字用法皆同，而劉氏誤以"其竹"也屬上讀，與"有君如是其賢也"之"其"字並列，遂謂"其"字爲發語辭。又《燕王旦傳》："其者寡人之不及與。"按"者""諸"二字古人通用，"其者"卽"其諸"也，而劉氏乃云：其者猶云意者。後漢《督郵班君碑》："柔遠而邇。"古"而""能"二字通用。班碑假"而"爲能，而劉氏乃云：而字當作如。《晉書·謝道韞傳》："嘗譏謝玄學植不進。曰：爲塵務經心？爲天分有限耶？"二爲字義與"因"同，而劉氏乃云：二爲字并是抑辭。《漢書·楊雄傳》："譬若江湖之雀、勃解之鳥，乘雁集不爲之多，雙鳧飛不爲之少。"此二"爲"字義亦與"因"同，而劉氏乃云：不爲之猶云不以爲。《賈誼傳》："賤人安宜得如此而頓辱之哉？""安宜"猶云"何嘗"，而劉氏乃訓爲"豈可"。《史記·春申君傳》："人皆以楚爲強而君用之弱，其於英不然。"此"於"字義與"在"同，謂在英則意不如此也，而劉氏乃謂"其於"猶云"至於"。《書·金滕》："于後，公乃爲詩以貽王。"庾子山賦："於時朝野歡娛。""于"字、"於"字義皆與"在"同，而劉氏乃云：于後猶云其後，於時猶云其時，不悟"於"字不能直訓"其"也。《荀子·修身篇》："雖欲無滅亡，得乎哉？"楊注云：亡通作惡。按，"亡"字當"如"字，屬上讀。楊注誤，而劉氏引爲無字之例，未能糾正舊說。《史記·日者傳》："此夫《老子》所謂'上德不德，是以有德'。""夫"字義與"彼"同，而劉氏乃謂此"夫"字爲語助辭。卷二引《後漢書·袁安傳》："無緣復更立阿佟以增國費。""無緣"猶云無由、無因，而劉氏乃謂無緣猶云不應。《孟子》："何以利吾國？""何以"乃"以何"之倒文，謂用何道也，劉氏乃謂"何以"猶云"如何"。《魏志·華佗傳》："又有一郡守病，佗以爲其人盛怒則差，乃多受其貨而不加治。無何，棄去，留書罵之。""無何"義與無幾居、無何居、無幾何義同，所以表時之暫也，而劉氏乃云：無何是無故之辭。《史記·張耳陳餘傳》："始吾與公言何如？""何如"猶今俗言像怎樣，而劉氏乃云何如猶言何物。《漢書·翟義傳》："欲令都尉自送，則如勿收邪？"此乃反詰之詞，而劉氏乃云：邪字爲耳辭。《孟子》："夫滕，壤地褊小，將爲君子焉？將爲野人焉？"朱注云：言滕地雖小，亦必有爲君子而仕者，亦必有爲野人而耕者。按古人"爲""有"二字通用，此二"爲"字義與"有"同，朱注泥爲字爲訓，而劉氏未能糾正其

劉武仲先生《助字辨略》跋 十四年三月

說。《詩》："將子無怒，將仲子兮，將伯助予。"毛、鄭釋"將"爲請，是也，而劉氏乃誤謂"將"當讀如本字，乃是發語辭，如伊、維之類。《論語》："吾未嘗無誨焉。"《史記·陸賈傳》："高帝未嘗不稱善。""未嘗"與"未曾"同，而劉氏乃云，未嘗猶未始，未嘗不猶云未有不，不悟"嘗"字不能訓"始"與"有"也。《左傳·昭公二十二年》："寡君聞君有不令之臣，爲君憂，無寧以爲宗羞。""無寧"猶云"無乃"，而劉氏云，寧，語助，不爲義。《吳志·太史慈傳》注："卿，則州人，昔又從事，寧能往視其兒子，并宣孤意于其部曲。"此"寧"字乃商榷之辭，"寧能"猶云"豈能"，下省乎字，而劉氏乃訓寧爲定。《魏志·王修傳》注："讀詩至'哀哀父母，生我勞瘁'，未曾不反覆流涕，泣下沾襟。""曾"與"嘗"同義，"未曾不"猶云"未嘗不"也，而劉氏乃云，猶云未有不。《論語》："法語之言，能無從乎？""能無"與得無、可無同，此反言之辭，而劉氏乃云能無猶言寧無。《漢書·司馬相如傳》："疇逆失而能存。""疇"當訓"誰"，謂何人逆失而能存也，而劉氏乃云，言何有逆失而能存。韓退之《伯夷頌》："一凡人譽之，則自以爲有餘。""凡人"言凡庸之人，而劉氏誤以一凡連讀，謂一凡爲大率之義。卷三引《左傳·僖十五年》"三施而不報，是以來也"，《孟子》"是以若彼濯濯也"，"是以"乃"以是"之倒文，而劉氏乃云，是以猶云所以，不悟是不當訓所。《漢書·馮唐傳》："唐對曰：齊尚不如廉頗、李牧之爲將也。上曰：何已？"此"已"字與《詩》"必有以也"之"以"同，何以猶云何故也，而劉氏乃云，問之餘聲，揚以長，則爲何邪、何與；抑而短，則爲何已、何耳，誤以"已"爲語終助詞。《東方朔傳》："先生自視何與比哉？"此"何與"猶云"誰與"，乃"與何"之倒文。何與比者，武帝問朔與上文所述公孫丞相、倪大夫等十五人中之誰某比也。而劉氏乃云，何與猶言何如。《李太白詩》："奈何成離居，相去復幾許。"杜子美詩："我生本飄蓬，今復在何許。""幾許"之"許"乃不定之詞，猶《後漢書·何敞傳》"二百許人"之"許"。何許者，何所也。《說文》"所"字下引《詩》"伐木所所"。今《詩》作"伐木許許"，"許""所"古人通用。而劉氏乃云，幾何、何所之義不因許字而見，特借許字爲助句耳。劉氏又云，如問何許人，則何許又爲何等，不爲何所矣。其說亦非。何許人即謂何所人，猶今言何處人耳。《漢書·佞幸傳》："上有酒所。"酒所，猶云酒意，而劉氏乃云，所字，語助不爲義。《漢書·曹參傳》："參代何爲相國，舉事無所變更。"師古注：舉，皆也，言凡事皆無變改。按舉事猶云行事，顏讀舉爲"舉國若狂"之"舉"，非是，劉氏未能駁正其說。《史記·歷書》："乃者有司言星度之未定也。"《曹相國世家》："乃者我使諫君也。"此"乃者"猶云日者、嚮者，而劉氏乃以爲發語之辭。《漢書·陳湯傳》："騎引卻，頗遣吏士射城門騎步兵。""頗遣"猶云稍遣，而劉氏乃云，此頗字猶云遂也。又《田蚡傳》："所言灌夫頗不讎，劾繫都司空。"此"頗"字亦"頗略"之"頗"，而劉氏乃云，頗猶云皆。"有虞氏"之"有"乃語首助字，無義可言，而劉氏乃云，言撫有天下，故云有。卷四引《唐書·吳兢傳》云"兢實書之。其草故在。"按故、固古通用，故在與固在同，而劉氏乃云，故在猶云尚在。《史記·趙世家》："彊大不能得之於小弱，小弱故能得之於彊大乎？"此故字通作顧，反也，趙策作顧，其明證也，而劉氏乃云，故字爲語助，猶云乃也。《史記·李斯傳》："李斯曰：固也，吾欲言之久矣。"《鼂錯傳》："錯曰：固也，不如此，天子不尊，宗廟不安。"師古注：固也言固當如此。是也。而劉氏乃云，固也猶云然也，乃答語之聲，不爲義。《史記·王翦傳》："今空秦國甲士而專委於我，我不多請田宅爲子孫業以自堅，顧令秦王坐而疑我耶？"此"顧"字亦"反"也。《後漢書·馬援傳》："卿非刺客，顧說客耳？"此"顧"字乃但辭，而劉氏乃云：此二顧字與故通，猶云乃也。《漢書·景帝紀》："後元三年詔，閒歲或不登。""閒"猶云"間"者，元年詔云，閒者歲比不登，句例正同。而劉氏乃以閒歲連讀，謂閒歲云者，言時復如此。《後漢書·段熲傳》："餘寇殘盡，將向殄滅。""將向"者，將近也。梁簡文帝《謝竹火籠啟》："池水始浮，庭雪向飛。"《吳志·華覈傳》："軍興已來，已向百載。"二"向"字皆將也、近也，而劉氏乃釋向爲已，既釋向爲已，遂謂《吳志》之已向爲重言。陶淵明詩："禦冬足大布，麤絺以應陽。正爾不能得，哀哉亦可傷。""正"猶"縱"也，"正爾不能得"猶云縱此亦不能得也，而劉氏乃云，正爾即正唯。《漢書·武帝紀》："縣鄉即賜，無贅聚。"師古云：即，就也，各遣就所居而賜之，勿會聚。是也。而劉氏乃云，即賜者，乃即時頒賜之義。卷五引《漢書·枚皋傳》："凡可讀者不二十篇。"此"不"字本爲"百"字，乃《漢書》刊本之誤，而劉氏誤引爲"不"字之例。《左傳·隱五年》："宋衛實難，鄭何能爲。""實""寔""是"三字通用。"宋衛實難"猶云宋衛是患也，而劉氏乃以爲訓誠信之實。《史記·平準書》："率十餘鍾致一石。"又云："於是商賈中家以上大率破。"《老莊傳》："故其著書十餘萬言，大抵率寓言也。""率"與"大率"皆辜較之辭，而劉氏乃云，爲都凡之辭。《顏氏家訓》："河北平澤率生之。"此"率"字猶云大率，而劉氏乃云，率猶頗也。《漢書·趙充國傳》："兵決可期月而望。""兵決"者謂兵事決定，猶今言解決，而劉氏乃以"決"爲必辭。《書·大誥》："爾知寧王若勤哉？"按"若"有"此"義，若勤，如此勤也。"此"猶《爾雅》訓"已"爲"此"，而《莊子》《淮南》用"已"爲如此之義。劉氏云，若勤者，若此勤，是也，而又謂但云若者省文也，不悟若之爲若此，乃由於"若"之訓"此"，不由於"若"字也。包何詩："莫是上迷樓。""莫是"猶云得無，而劉氏乃云猶今云恐是。《詩·小雅》："如松柏之茂，無不爾或承。""無不爾或承"猶言無不爾是承，而劉氏乃謂是"無或不爾承"之倒文。此皆劉氏偶未審核，故致誤釋。然吾人生當訓詁學大明之後，而劉氏生於清學初啓之時，篳路藍縷，其功甚鉅，正小有疵類，不足掩其精詣也。余惟先儒著述之流傳於後世者顯晦類有時，而先生之書，自盧氏刻後約七十年而有國刻，國刻後七十餘年而有海源閣本，今距海源閣本恰七十年。蓋自初刻後約每七十年而一鏤板，若有定律然者，亦一奇也。前歲余南歸後復北上，京漢道中車過碻山，有句云："秋午晴陰過碻山，峯巒斌媚似鄉關。遺書已自成瓌寶，記否劉家有二難。"余生平不事吟詠，以景仰先生之懷，經過故里，忽發清興，遂成短章。附識於此，以見余與先生若有針芥之契云爾。

十四年三月十二日

按盧氏初刻本，後由馬君幼漁假示，得見之，因附記於此。

《釋名新略例》十四年十月

元和顧千里撰《釋名略例》，謂《釋名》之例有二，一曰本

《釋名新略例》十四年十月

字，二曰易字。其凡則有十，曰本字，曰疊本字，此屬於本字者也，曰本字而易字，此兼屬本字與易字者也；曰易字，曰疊易字，曰再易字，曰轉易字，曰省易字，曰省疊易字，曰易雙字，此屬於易字者也。今按顧氏此文，能於劉氏書義訓繁複之中紬繹端緒，使其秩然不紊，信足爲美矣。顧《釋名》乃以音爲訓之書，治之者宜於聲音求其條貫，不當全以字形爲說。顧氏以本字、易字爲大例而以十凡括之，蓋猶不免泥於迹象也。今用顧氏之法爲《釋名新略例》一篇，雖未能盡舍字形，要以聲音爲主。其說曰：

釋名音訓之大例有三，一曰同音，二曰雙聲，三曰疊均。其凡則有九，一曰以本字爲訓，二曰以同音字爲訓，三曰以同音符之字爲訓，四曰以音符之字爲訓，五曰以本字所孳乳之字爲訓。此屬於同音者也；六曰以雙聲字爲訓，七曰以近紐雙聲字爲訓，八曰以旁紐雙聲字爲訓，此屬於雙聲者也；九曰以疊均字爲訓，此屬於疊均者也。一曰以本字爲訓者，如以宿釋宿，以闕釋闕，以蒼蒼釋蒼天，以孚甲釋甲之類是也。二曰以同音字爲訓者，如以縣釋玄，以顥釋昊，以竟釋景，以規釋晷，以扞釋寒，以羽釋雨，以禁釋金，以冒釋卯，以麗釋離，以身釋申，以恤釋戍，以更釋庚之類是也。聲韻兼符，是爲同音，今音有四聲之別，古無是也。三曰以同音符之字爲訓者，如以閔釋旻，閔、旻皆從文聲。以燿釋曜，燿、曜皆從翟聲。以揚釋陽，揚、陽皆從易聲。以遇釋偶，遇、偶皆從禺聲之類是也。四曰以音符之字爲訓者，如以止釋趾，趾從止聲。以卻釋腳，腳從卻聲。以殿釋臀，臀從殿聲之類是也。五曰以本字之孳乳字爲訓者，如以愾釋氣，愾從氣聲；以蔭釋陰，蔭從陰聲；以爇釋熱，爇從熱聲；以蠢釋春，蠢從春聲；以終釋冬，終從冬聲；以吐釋土，吐從土聲；以忤釋午，忤從午聲；以核釋亥，核從亥聲。以軋釋乙，軋從乙聲；以炳釋丙，炳從丙聲；以紀釋己，紀從己聲；以茂釋戊，茂從戊聲；以妊釋遇偶，妊從壬聲；以揆釋癸，揆從癸聲；以廣釋光，廣從黃聲，黃從芡聲^{芡卽古光字}之類是也。^{又如以遇釋偶，遇、偶皆從禺聲，二字今音雖殊，古當無二，亦當屬此。}六曰以雙聲字爲訓者，如以坦釋天，以散釋星，以氾與放釋風，以冒釋木，以化釋火，以散釋異，以盧釋露，以綏釋雪之類是也。七曰以近紐雙聲字爲訓者，如以健釋乾，以昆釋鯤，以踝釋寡之類是也。又如以進釋年，今音聲類若相遠然。年從千聲，千、進爲近紐雙聲，亦當屬此。八曰以旁紐雙聲字爲訓者，如以假釋夏，以祝釋孰，以承釋媵之類是也。九曰以疊均字爲訓者，如以闕訓月，以顯訓天之類是也。雖古今音變，不可悉知，然大旨具是矣，其詳別具余所撰釋名聲證，不一一焉。

十四年十月十五日

李雁晴《史記訂補》序_{十四年十月}

　　太史公生炎漢之初，其時挾書之律乍除，古文傳記日以益出，於是網羅舊聞，撰次《史記》，精心卓識，前古無儔，學者傳習既二千年，尚未能盡通其讀。如《黥布傳》云："及壯，坐法黥。布欣然笑曰：人相我當刑而王，幾是乎？""坐法黥"三字，句也，讀者往往以黥布連讀，於是"坐法"句義不了，且與他傳傳首兼舉姓名下文但稱名者不合矣。^{黥布、車千秋，黥、車本非姓，以習稱，故與姓同耳。}《張釋之傳》云："虎圈嗇夫從旁代尉對上所問禽獸簿甚悉。欲以觀其能，口對，響應無窮者。""虎圈"至"對……甚悉"十七字，句也；"欲以"至"無

李雁晴《史記訂補》序 十四年十月

窮"者十二字，句也。此"觀"字義與《國語》"先王耀德不觀兵"之"觀"同，意謂嗇夫對上問甚悉者，欲以誇示其口辨也。讀者往往析二句爲四句，於第一句之中"代尉對"句絕，又於第二句之中"觀其能"句絕，則文氣乖戾不屬矣。《倉公傳》云："臣意家貧，欲爲人治病，誠恐吏以除拘臣意也，故移名數，左右不修家生，出行游國中。""故移名數"，句也。"左右"猶今言始終橫豎，當屬下讀，"左右不修家生"猶言始終不治家產也。上文云："爲人治病，決死生多驗，然左右游行諸侯，不以家爲家。""左右游行諸侯，不以家爲家"即此文所謂"左右不修家生，出游行國中"也，彼文"左右"正屬下讀，是其明證。張守節《正義》乃云"以名籍屬左右"，是以"左右"屬上讀，而二字爲贅文矣。文士如吳汝綸輩誦《史記》終身，顧不能正舊讀之誤，吁可詫也。往者杭縣友人焉君夷初語余，瑞安有績學士李君雁晴，盡讀其鄉先輩孫氏仲容玉海樓藏書，專治太史公百三十篇，卓有心得，余心識之。頃者李君刊其所著《史記訂補》成，郵以示余。以余頗喜治史籍，嗜好比近，屬爲弁言。余讀其書，引證賅博，思理縝密，馬君所言信不誣也。往讀班書，觀田假"與國之王，窮來歸我，不忍殺"數語，《田儋傳》作懷王語，《項籍傳》則作項梁語；又濟北王安之見殺，《田儋傳》以爲田榮殺之，《項籍傳》則以爲彭越殺之，彼此互異。宋祁、劉奉世、何何焯❶紛然議之。余則謂懷王爲當時共主，彭越時屬田榮，作項梁與彭越者，紀其實也；作懷王與田榮者，據其名也。又《高后紀》記立孝惠後宮子強爲淮陽王，不疑爲恆山王，弘爲襄城侯，朝爲軹侯，武爲壺關侯。檢諸表，則強、不疑列

---

❶ 此處衍一"何"字，當爲"何焯"。何焯，清人，有《義門讀書記》等。——編者註

於異姓諸侯王，弘、朝、武列於外戚恩澤侯，亦若自相牴牾。不悟《高紀》書孝惠子者，據當時詔令之文，而諸表列於異姓諸侯王及恩澤侯者，以諸人本非孝惠子，所以紀其實也。周壽昌不曉，乃妄謂強、不疑早死，故不列諸侯王表矣。昔史公稱《春秋》約其文辭而指博，馬班良史，猶有其遺意，自非通識，鮮不怪之。今觀君書卷首所爲敘例十二事，於後人所詆譏排擊史公者，一一理董而求其所以然之故，蓋庶幾乎史公所謂好學深思心知其意者！余既服君之通識，而又竊幸余治史之法之有同志也，遂承君命書此以序君書。若余於君說頗欲有所獻疑者，他日當詳求教於君，今姑不及也。

十四年十月二十二日

跋王葵園先生《後漢書集解》十五年十一月

長沙王葵園先生治《漢書》數十年，成《漢書補注》百卷，其書取精用弘，便於學者，幾於家有其書矣。先生晚年又爲范蔚宗《後漢書集解》。范書博奧固不及班書，清儒治之者亦不逮治班書之勤，故《集解》所取材既不能如《補注》之宏博；而先生成書倉卒，又不如集《補注》時編摩之久，故以《集解》視《補注》，似有遜色焉。余讀其書，自官本考證以下清儒之治《後漢書》者，雖大致皆已采撷，而如錢大昭之《後漢書辨疑》，侯康、沈銘彝兩家之《後漢書補注補》，行世已久，《集解》竟未采入。及書成後，黃山君爲之校補，始爲補錄。又《漢書補注》頗采清儒筆記之及《漢書》者，如姚氏之《惜抱軒筆記》、俞氏之《湖樓筆談》等書是

跋王葵園先生《後漢書集解》 十五年十一月

也,而《集解》似未旁及。以余所見,如姜宸英之《湛園札記》,《集解》僅錄"光武十王傳"一條;其"鄭興傳贊"一條,釋氈幄爲講幄,駁李注釋作匈奴之誤;"南匈奴傳"一條,謂朔易本《虞書》"平在朔易",駁李注釋爲"朔方易水"之誤,說皆精審,《集解》皆未及采。又如梁玉繩之《瞥記》、孫志祖之《讀書脞錄》等書,中頗多說范書者,《集解》皆未及錄。至王念孫《讀書雜志·志餘》中說《後漢書》者凡二十餘事,亦皆未采。《校補》亦未及,殊爲疏失。此其搜采之漏失者也。《漢書補注》羅列舊說,前後頗有次序,而《集解》於此頗為忽略。例如惠氏《補注》,成書在錢大昕《廿二史考異》之前,據惠書顧棟高序,惠書成於乾隆十九年甲戌,錢書自序於乾隆四十五年庚子,惠書先成二十餘年。《集解》往往先錢後惠。又如第五十卷《孝明八王傳》:"寵善弩,射十發十中。""中"皆同處三句下並引惠士奇、惠棟之說,竟先棟而後士奇,若不知棟爲士奇之子者,可謂疏矣。惠氏原書卷十二引其父說置己說之下,可也,《集解》既列爲二人之說,不當仍其原序。又李注往往總釋數句,後儒有補釋此數句者,即應置於李注之下,則前後次序始合。例如卷十六《鄧禹傳》云:"五品不訓,汝作司徒,敬敷五教,在寬。"李注云:"五品,五常也,父義、母慈、兄友、弟恭、子孝,言五常之教務在寬也。"此乃總釋五品,不訓以下四句者,《集解》引錢大昕說五品不訓之文,應置李注之下,前後次序乃合。乃《集解》置於五品不訓句下,不惟錢說先見,李注後見,次序不合,且使李注五常之訓與正文五品隔斷而不銜接矣。此類甚多,姑舉一例言之。此其體裁之疏失者也。又四十卷上《班彪傳》敘司馬遷著《史記》云云,沈欽韓《疏證》引《史通·正史篇》之文爲證,王氏不細勘檢,竟將《史通》之文析爲二段,分注兩節,第二節至"建武中,彪以爲馮商等作,其言鄙俗"云云,但冠以沈欽韓曰,不復以爲《史通》之文,竟若沈氏全錄《史通》之文者。此又其校核之粗疏者也。黃君《校補》於《集解》拾遺補缺，用力頗勤，然亦頗有可議者。例如卷三《章帝紀》注引《周禮·鄉司徒》云云，《集解》已云"官本，鄉作大"，是矣，《校補》又複出一條。二十四卷《馬援傳》云："來歙奏言隴西侵殘。""侵殘"自謂被侵害而殘破，《校補》乃讀侵爲寖，說傅迂滯。卷三十三《朱浮傳贊》云："朱浮議諷苛察欲速之弊，然矣，焉得長者之言哉！"所謂"浮議諷苛察欲速之弊者"，乃指本傳六年日食上疏而言，而《校補》乃云，浮之議諷既苛察且欲速，卽明非長者之言，竟若未讀本傳者，不知何以疏繆至此。卷四十三《樂恢傳》云："天地乖互，衆物大傷。"《校補》云："大，官本作天，案《易·乾》爲大。《否卦》大往小來。孔疏云，陽主生息，故曰大。"按大傷之大，猶《孟子》"稽大不理於口"之"大"，引《易》作證，太無關涉。卷六十二《荀悅傳》云："聽言責事，舉名察實，無惑詐僞以蕩衆心，故事無不覈，物無不功。""功"乃功楛之功，謂堅牢也，字本不誤。此段與《漢書·宣帝紀贊》謂"技巧、工匠、器械，元成閒鮮能及者"意同《校補》乃云：官本"功"作切，與《申鑒》合。此誤，不知《申鑒》"切"字正是誤字，官本誤從也。卷七十《孔融傳》云："遂并收褒、融送獄，二人未知所坐。"此謂不知於二人之中當坐何人耳，《校補》乃云，"二人未知所坐"，是褒、融自不知當坐何罪矣，於文不應，蓋本作"未知二人所坐"，誤倒，不悟原文可通，不必疑爲倒也。其尤疏失者，往往了無證案，憑肊立說。如第四卷《和帝紀》云："紹封故淮陽王昞子側爲常山王。"《校補》云："《明八王傳》和帝立昞小子側復爲常山王。曰小子，曰復爲常山王，或因昞長子防早卒而有孫章，議立未定，或因淮陽不能仍有故封，議改未定。而《通鑑》注謂因爲有大喪，今乃紹封，然亦何必遲至三年？"斯不然

跋王葵園先生《後漢書集解》十五年十一月

矣。不知凡云紹封者，乃繼絕世也，雖三十年可矣。胡注依事立說，不失謹嚴，乃憑虛妄度，假設多端，何其與俗儒之逞臆立說者相近乎？凡此之類，《校補》中至多，此其最爲疵類者也。然范氏爲書博大，李注而後，惠氏《補注》於前，王氏《集解》於後，其書已大端可讀，然亦有李注疏失，前儒未及匡正，前儒誤說，《集解》及《校補》皆未及糾正者。如《明帝紀》云："夫萬乘至重，而壯者慮輕。"按"慮輕"與"至重"相對爲文，"慮"與《漢書·賈誼傳》"借父耰鉏慮有德色"之"慮"同，謂大計也。而李注云，帝謙言年尚少壯，思慮輕淺。誤釋"慮"爲思慮。卷十上《皇后紀》云："后寵幸殊特，專固後宫。""固"當讀如錮，前書《趙后傳》云"姊弟專寵錮寢"，是其證也，而舊注未及。又《和熹鄧后紀》云："汝，我家出，爾敢爾邪？"上"爾"字不可通，乃"亦"字形近之誤。<small>"爾"俗書作"尔"，與"亦"形近</small>《鄧禹傳》正作亦，當據之改正。卷十五《王常傳》云："伯升見常，說以合從之利。""合從"者，謂連合以討莽，如六國之於秦耳，而李注乃云，以利合曰從。卷三十二《樊準傳》云："博士議郎一人開門，徒衆百數。""開門"謂收受生徒耳，而李注乃云，開一家之說。卷三十六鄭興范升陳元賈逵等傳論云："鄭賈之學行乎數百年中，遂爲諸儒宗。"此爲鄭興賈逵傳論，鄭自指興爲言。興傳云，世言《左氏》者多祖於興，而賈逵自傳其父業，故有鄭賈之學，尤其明證。而惠氏乃云，漢晉諸儒稱康成爲鄭君，稱逵曰賈侍中，是乃儒宗也，誤以鄭爲康成。卷四十下《班固傳》云："洋洋乎若德，帝者之上儀，誥誓所不及已。""若"當訓"此"，而李注乃云：若，如也。卷四十二《光武十王傳·東平憲王蒼》篇云："日者，問東平王處家何等最樂，王言爲善最樂。其言甚大，副是要腹矣。"按副，稱也。本傳云，蒼要帶十圍，明帝贊其言大與其要腹相稱耳，而惠氏乃云，副猶倍也，言王之言大倍於要腹也。又同傳論云：東海恭王遂而知廢。此謂王自謂其子政爲小人，請還國之事也。班彪《王命論》云"嬰母知廢"，爲范語所本，而注家皆未及。卷四十六《陳忠傳》云："狂易殺人，得減重論。"按"易"與"狂"義近，故古人恆以"狂易"連文。吳語，稱疾辟易。韋昭云："辟易，狂疾。"《韓非子·內儲說下》云："公惑易也。"前書《王子侯表》"樂平侯訴病狂易"，又《外戚傳》云"張由素有狂易病"，皆是。而李注乃云：狂易謂狂而易性，誤釋"易"爲"變易"之"易"。卷五十二《崔駰傳》云："朝廷初政，州牧峻刻。"李注云：初政謂莽即位。是也。而《集解》引黃山云：上既云後以篆爲新建大尹，篆到官又已三年，則非莽即位之初矣。不悟此但謂莽初易漢，不謂莽即位之初也。又云"伐尋抱不爲之稀，蓺拱把不爲之數"，"數"猶"稠"也，與"稀"爲對文。二語意本揚雄《解嘲》"乘雁集不爲之多，雙鳧飛不爲之少"，多與少亦對文也，而李注乃誤釋數爲概。卷五十四《楊彪傳》云："今橫殺無辜，則海內觀聽誰不解體。孔融，魯國男子，明日便當拂衣而去，不復朝矣。"按前書《蕭望之傳》云："曹書佐隨牽育，育案佩刀曰：'蕭育，杜陵男子，何詣曹也？'"育言杜陵男子，融言魯國男子，皆自負之詞，猶今人動言某乃大丈夫也，而李注襲顏師古前書注之誤說，乃云若以非罪殺彪，融則還爲魯國一男子，不復更來朝也。卷六十上《馬融傳》云："昔毛遂厮養爲策所蚩，終以一言克定從要。"按毛遂非厮養，厮養者，用趙厮養卒赴燕返趙王事，而李注於毛，遂則舉其定從之事，於厮養則但云賤人，不及本事。卷六十一《左雄傳》云："自是選代交互，令長月易。"按"交互"謂"頻繁"，《校補》引錢大昭說乃云:"漢制婚姻之家及兩州人士不許相對監臨,所云交互是也。"不合。又同卷《黃瓊傳》注云:"放下讒佞郭都之等十三人。"按漢人恆用之等,《鹽鐵論》各篇中常見,而劉攽乃云:按文多一"之"字。卷六十二《陳寔傳》云:"出於單微。"惠注引世系云:"陳軫封穎川侯,生嬰,秦東陽令史。嬰生成安君餘。"按陳嬰、陳餘同時起兵,未聞其爲父子,若嬰果爲陳軫之子,嬰母不當云而世貧賤矣,惠氏此條殊爲失擇。卷七十一《皇甫嵩朱儁傳》論云"故梁獻規山",衍"東連盟"。按"山東連盟",謂陶謙、周乾、陰德、劉馗、汲廉、孔融、袁忠、應劭、徐璆、服虔、鄭玄等,共推儁爲太師之事也,二語分承嵩、儁爲言。而李注乃云:"山東連盟",謂上云羣帥及袁氏也。此等皆注說疏失灼然可知者也。其他如旁采羣籍,疏證本文,惠氏最博,諸家亦續有所采,然以本書博大,猶多未盡。如卷四《和帝紀》云"役不再籍",應舉《文選》四十三卷石仲容《與孫皓書》注引《六韜》"故役不再籍,一舉而得"之文爲證。卷六《順帝紀》長樂少府九江朱倀爲司徒,應舉《風俗通·十反篇》文爲證。若此之類尚多,今不復一一。余擬他日有暇,更事博討以補缺遺,姑書此以爲息壤云。

十五年十一月二十五日

按,頃覆校此文,始悟《崔駰傳》注釋"數"爲"概"者,"概"乃"槪"之誤文。《說文》:"槪,稺也。"前書《齊王肥傳》云:"深耕槪種",注亦訓稺,然則注說本不誤。甚矣,誤書之不可讀也。

十九年十月九日記

孟子學說多本子思考 十五年十二月

一事，《孟子·梁惠王下篇》孟子對滕文公云："昔者大王居邠，狄人侵之。事之以皮幣，不得免焉；事之以珠玉，不得免焉。乃屬其耆老而告之曰：狄人之所欲者，吾土地也。吾聞之也，君子不以其所以養人者害人，二三子何患乎無君？我將去之。去邠，踰梁山，邑于岐山之下居焉。邠人曰：仁人也，不可失也。從之者如歸市。"按《金樓子》引子思對申詳云："狄人攻大王，大王召耆老而問焉。曰：狄人何來？耆老曰：欲得菽粟財貨。大王曰：與之。與之至無而狄人不止。大王又問耆老曰：狄人何欲？耆老曰：欲土地。大王曰：與之。耆老曰：君不爲社稷乎？大王曰：社稷所以爲民也，不可以所爲民者亡民也。耆老曰：君縱不爲社稷，不爲宗廟乎？大王曰：宗廟者，私也，不可以吾私害民。遂杖策而去。過梁山，止乎岐下。豳民之束脩奔而從之者三千乘，一止而成三千乘之邑。"據此則孟子之說全本子思。又大王曰："社稷所以爲民也，不可以所爲民者亡民也。"又實爲孟子"民爲貴，社稷次之，君爲輕"三語之所本。

二事，《公孫丑下篇》孟子答充虞木若以美然之問云："古者棺椁無度，中古棺七寸，椁稱之。自天子達於庶人，不得，不可以爲悅，無財，不可以爲悅。得之爲有財，古之人皆用之，吾何爲獨不然？"按《禮記·檀弓篇》云："子思之母死於衞，柳若謂子思曰：子，聖人之後也，四方於子乎觀禮，子盍慎諸？子思曰：吾何慎哉？吾聞之，有其禮，無其財，君子弗行也；有其財，無其時，君子弗行也。吾何慎哉？"按孟子所謂得之者，卽子思所謂有其禮也。

三事，《滕文公上篇》記孟子語云："上有好者，下必有甚焉者矣。"按《禮記·緇衣篇》云："上好是物，下必有甚者矣。"（夾注：《緇衣篇》爲子思作，據黃以周考定。夾注）

四事，《離婁上篇》孟子云："暴其民甚，則身弒國亡，不甚則身危國削，名之曰幽厲。雖孝子慈孫，百世不能改也。"按《孔叢子·雜訓篇》記魯穆公訪子思云："欲掩先君之惡以揚先君之善，使談者有述焉，爲之若何？"子思答曰："以伋所聞，舜禹之於其父，非弗欲善也，以爲私情之細，不如公義之大，故弗敢私之云爾。"二義正同。

五事，《離婁上篇》云："居下位而不獲於上，民不可得而治也。獲於上有道，不信於友，弗獲於上矣。信於友有道，事親弗悅，弗信於友矣。悅親有道，反身不誠，不悅於親矣。誠身有道，不明乎善，不誠其身矣。是故誠者，天之道也；思誠者，人之道也。"按此章與《禮記·中庸篇》文全同。《中庸》爲子思作，見鄭氏《禮記目錄》。

六事，《離婁下篇》云："齊宣王問孟子曰：禮爲舊君有服，何如斯可爲服矣？曰：諫行言聽，膏澤下於民；有故而去，則君使人導之出疆，先於其所往；去三年不反，然後收其田里，此之謂之有禮焉，如此則爲服矣❶。今也，爲臣諫則不行，言則不聽，膏澤不下於民；有故而去，則君搏執之；又極之於其所往，去之日，遂收其田里，此之謂寇讎，寇讎何服之有？"按《禮記·檀弓篇》云："穆公問於子思曰：爲舊君反服，古與？子思曰：古之君子，進人以禮，退人以禮，故有舊君反服之禮也。今之君子，進人若將加諸

---

❶ 據《孟子》原文，"爲服"應當"爲之服"。——編者註

膝，退人若將墜諸淵，毋爲戎首，不亦可乎？又何反服之禮之有？"

七事，《離婁下篇》云："是故君子有終身之憂，無一朝之患也。"按《禮記·檀弓篇》子思語同。

八事，《告子上篇》："公都子問曰：鈞是人也，或爲大人，或爲小人，何也？孟子曰：從其大體爲大人，從其小體爲小人。鈞是人也，或從其大體，或從其小體。何也？耳目之官不思，而蔽於物，物交物，則引之而已矣。心之官則思，思則得之，不思則不得也，此天之所與我者。先立乎其大者，則其小者不能奪也，此爲大人而已矣。"按《意林》引子思子云："君子以心導耳目，小人以耳目導心。"孟子之言，正子思此二語之疏證也。

九事，《孟子·盡心下篇》云："天下有道，以道殉身；天下無道，以身殉道。"按《意林》引子思子云："國有道，以義率身；國無道，以身率義。"荀息是也。

按《史記·孟子傳》云："孟軻，鄒人也，受業子思之門人。"按劉向《列女傳·賢明篇》云："孟子師事子思，遂成天下之名。"《漢書·藝文志》云："孟子，子思弟子。"趙岐《孟子題辭》云："孟子幼被慈母三遷之教，長師孔子之孫子思，治儒術之道。"高誘注《淮南·氾論訓》云："孟子受業於子思之門，成唐虞三代之德。"應劭《風俗通·窮通篇》云："孟軻受業於子思，既通，游於諸侯。"按諸說謂孟子親受業於子思，與《史記》異，故王劭謂史皆記人字爲衍文。後儒於此事聚訟紛紜，今以學說之密合如此觀之，似孟子嘗親炙子思之說爲近也。

十五年十二月二日

說晚周諸子中之宋人十五年十二月

《孟子·公孫丑上篇》云："勿助長也，毋若宋人然。宋人有閔其苗之不長而揠之者，芒芒然歸，謂其人曰：今日病矣，予助苗長矣。其子趨而往視之，苗則槁矣。"《韓非子·外儲說左上》云："書曰：紳之束之。宋人有治者，因重帶自紳束也。人曰：是何也？對曰：書言之固然。"又《五蠹篇》云："宋人有耕田者，田中有株，兔走觸株，折頸而死，因釋其耒而守株，冀復得兔。兔不可復得，而身爲宋國笑。"《淮南子·氾論訓》云："宋人有嫁子者，告其子曰：嫁未必成也，有如出，不可不私藏，私藏而富，其於以復嫁易。其子聽父之計，竊而藏之，若公知其盜也，逐而去之。"其父不自非也，而反得其計，知爲出藏財，而不知藏財之所以出也，爲論如此，豈不勃哉？按《淮南》此事亦見《呂氏春秋·孝行覽·遇合篇》，但不以爲宋人事。然據此知此事之傳說，晚周已有之。《淮南》文與《呂》異，當由采自他書故耳。按宋人不盡愚，何以天地間至愚可笑之事皆屬於宋人耶？此必有其故矣。《漢書·地理志》記宋俗云："其民有先王之遺風，重厚多君子。"蓋戰國習俗輕薄譎詐，視重厚之人爲愚，殆其一因也。而其最重要之原因，似當屬於宋襄公。按《春秋·魯僖公二十二年》："宋襄公與楚戰於泓，其臣請襄公及楚師之未盡渡擊之。襄公守禮，不可。又請及楚之未陳擊之，襄公又不可。其卒也，宋師大敗，襄公親傷，數月而卒。"此事《公羊傳》褒之，以爲臨大事而不忘大禮，雖文王之戰不過此；《穀梁傳》則貶之，以爲信而不道，何以爲道？道之貴者，時其行勢也。夫當臨陳對壘之時，猶斤斤於禮義，本不免於滑稽。況在戰國時代，人人但務取勝一切不顧之時，自當以襄公之行爲至愚而可笑。坐此之故，衆愚盡歸諸宋，猶衆惡之盡歸於紂矣。及其習俗已成，傳說已盛，雖素持仁義說之孟子，亦不覺其所由然，而人云亦云耳。

十五年十二月三日

與黃季剛書_{十六年一月}

昨於公鐸兄招飲席上獲承明教，謂吳摯甫代陳伯之答邱希範書文中有元歸狄人之語，於文理未融，深佩明察。惟鄙意以爲古人文字往往喜略介詞，常用如"於"、如"以"，恆見省略，無論矣，卽不常用之"從"之"自"，古文亦恆從省略。《左傳·僖七年》云："女專利而不厭，予取予求，不女疵瑕也。"此謂從予取，從予求也。《漢書·景十三王傳》云："師受《易》《論語》《孝經》，皆通。"《霍光傳》云："孝武皇帝曾孫病已，年十八，師受《詩》《論語》《孝經》。""師受"者，從師受也。此"從"字之見略者也。《漢書·高帝紀》云："陳平亡楚來降。"《韓信傳》云："信亡楚歸漢。"亡楚者，亡自楚也。又云："塞王欣、翟王翳亡漢降楚。"亡漢者，亡自漢也。此"自"字之見略者也。吳君之文似可以"歸自敵人"略去"自"字爲解。鄙見如此，未審公以爲是否，如辱進而教之，幸甚！

與章行嚴書十六年一月

　　程叔文回京，見告公近校《論衡》，聞之甚喜。竊謂公才性長於治學，拙於從政，如自今以往專事著書，甚幸事也。樹達往於此書頗嘗用力，曾爲校注數卷，以事中輟，不復能繼爲。近數年用力《漢書》，偶覺仲任有誤記二事，今以寫呈，如公以爲可采。今得廁名尊著，所欣幸也。一事，《講瑞篇》云："張湯之父五尺，湯長八尺，湯孫長六尺。"按《史記》《漢書·張蒼傳》，此是蒼事。蓋仲任家貧無書，從市肆借讀，又蒼湯音近，故誤記蒼爲湯爾。二事，《命祿篇》云：趙子都明經，階甲科，至郎博士。按《漢書·趙廣漢傳》，廣漢，字子都，不言其明經爲郎博士，蓋趙字乃鮑字之誤爾。《漢書·鮑宣傳》："宣，字子都，好學明經，舉孝廉爲郎。"與仲任言正合。_{此條拙著《漢書補注補正》曾及之。}趙、鮑音近致誤，與《命祿篇》張蒼誤爲張湯者正同。記前作校注時，亦尚有校正誤多事，此時不能悉憶，容俟他日再奉質耳。

十六年一月十二日

《漢書釋例》十七年三月

一、較量例

　　《陳咸傳》云："其治放嚴延年，其廉不如。"_{盧受堂《補注》本六十六卷十五葉上}

《平當傳》云："每有災異，當輒傳經術言得失，文雅雖不能及蕭望之、匡衡，然指意略同。"〔七十一卷九葉下〕

《張敞傳》云："其治京兆，略循趙廣漢之迹，方略耳目，發伏禁姦，不如廣漢。"〔七十六卷十六葉下〕

《朱博傳》云："其治左馮翊，文理聰明殊不及薛宣，而多武譎。"〔八十三卷十二葉上〕

《谷永傳》云："永於經書汎爲疏達，與杜欽、杜鄴略等，不能洽浹如劉向父子及揚雄也。"〔八十五卷十八葉下〕

《何武傳》云："功名略比薛宣，其材不及也，而經術正直過之。"〔八十六卷四葉上〕

《黃霸傳》云："霸材長於治民，及爲丞相，總綱紀號令，風采不及丙魏、于定國，功名損於治郡時。"〔八十九卷六葉下〕

《酷吏·甯成傳》云："其治效郅都，其廉弗如。"〔九十卷四葉上〕

又《義縱傳》云："縱廉，其治效郅都。"〔九十卷七葉上〕

又《尹齊傳》云："遷關都尉，聲甚於甯成。"〔九十二卷十四葉下〕

《游俠·原涉傳》云："涉性略似郭解。"〔九十二卷十四葉下〕

《佞幸傳》云："趙談者，以星氣幸；北宮伯子長者愛人，故親近然皆不比鄧通。"〔九十三卷三葉上〕

又《韓嫣傳》云："賞賜儗鄧通。"〔九十三卷三葉下〕

又《李延年傳》云："其愛幸埒韓嫣。"〔九十三卷四葉上〕

又《淳于長傳》云："其愛幸不及富平侯張放。"〔九十三卷八葉上〕

按以上所舉，皆明指其人互爲比較者也，以此知孟堅於漢代人物，高下在心。其書之非苟作，亦可以見矣。

此外又有文中絕不指明，而實是暗爲比較者，非細心讀書、心知其意者往往滑過，此尤足以見班書之精密也。例如：

《張湯傳》云："間卽奏事，上善之。曰：臣非知爲此奏，乃正監掾史某所爲。其欲薦吏，揚人之善、解人之過如此。"_{五十九卷三葉上}

《趙廣漢傳》云："廣漢爲二千石，以和顏接士。其尉薦待遇吏殷勤甚備。事推功善，歸之於下。曰：某掾卿所爲，非二千石所及，行之發於至誠。"_{七十六卷二葉下}

按言廣漢行之發於至誠，卽所以反言張湯之矯僞也，蓋張湯之後張純等東漢初年最爲貴盛，故孟堅不直指比較，而第於《廣漢傳》反言以明之。嗚乎！此馬、班之所以爲良史歟？

二、附記例

《申屠嘉傳》云："自嘉死後，開封侯陶青、桃侯劉舍，及武帝時柏至侯許昌、平棘侯薛澤、武彊侯莊青翟、商陵侯趙周，皆以列侯繼踵，齪齪廉謹，爲丞相，備員而已，無所能發明功名著於世者。"_{四十二卷八葉上}

《公孫弘傳》云："其後李、蔡、嚴、青翟、趙周、石慶、公孫賀、劉屈氂繼踵爲丞相，自蔡至慶，丞相府客館丘虛而已。至賀、屈氂時，壞以爲馬廄、車庫、奴婢室矣。唯慶以惇謹復終相位，其餘盡伏誅云。"_{五十八卷八葉上}

《王貢兩龔鮑傳》云："漢興，有園公、綺里季夏、黃公、甪里先生，其後谷口有鄭子眞，蜀有嚴君平，皆修身自保，非其服弗服，非其食弗食。自園公、綺里季夏、黃公、甪里先生、鄭子眞、嚴君平皆未嘗仕，然其風聲足以激貪厲俗，近古之逸民也。"_{七十二卷一葉下}

又傳末云："自成帝至王莽時，清名之士，琅邪又有紀逡王思，齊則薛方子容，太原則郇越臣仲、郇相雉賓，沛郡則唐林子

高、唐尊伯高，皆以明經飭行顯名於世。"^{卷二十五葉上}

《汲黯傳》云："黯姊子司馬安亦少與黯爲太子洗馬，安文深巧，善宦，四至九卿，以河南太守卒。昆弟以安故同時至二千石十人。濮陽段宏始事蓋侯信，信任宏，官亦再至九卿。"^{五十卷十四葉上}

《貨殖傳》云："其餘郡國富民兼業顓利，以貨賂自行，取重於鄉里者不可勝數，故秦楊以田農而甲一州，翁伯以販脂而傾縣邑，張氏以賣醬而隃侈，質氏以洒削而鼎食，濁氏以胃脯而連騎，張里以馬醫而擊鍾，皆越法矣。"^{九十一卷十二葉上}

《游俠・劇孟傳》云："及孟死，家無十金之財，而符離王孟亦以俠稱江淮之間。是時，濟南瞯氏陳周膚亦以豪聞，景帝聞之，使使盡誅此屬。其後代諸白、梁韓毋辟、陽翟薛況、陝寒孺紛紛復出焉。"^{九十二卷三葉下}

又《郭解傳》云："自是之後，俠者極衆，而無足數者，然關中長安樊中子、槐里趙王孫、長陵高公子、西河郭翁中、太原魯翁孺、臨淮兒長卿、東陽陳君孺，雖爲俠，而恂恂有退讓君子之風。至若北道姚氏、西道諸杜、南道仇景、東道佗羽公子、南陽趙調之徒，盜跖而居民間者耳，曷足道哉？"^{同卷六葉上}

又《原涉傳》云："自哀平間，郡國處處有豪傑，然莫足數，其名聞州郡者，霸陵杜君敖、池陽韓幼孺、馬領繡君賓、西河漕中叔，皆有退讓之風。"^{同卷十五葉上}

《佞幸傳》云："漢興，佞幸寵臣，高祖時則有籍孺，孝惠有閎孺，景帝唯有郎中令周仁，昭帝時駙馬都尉秺侯金賞、嗣父車騎將軍日磾爵爲侯。宣帝時，侍中中郎將張彭祖，少與帝微時同席研書，及帝卽尊位，彭祖以舊恩封陽都侯，出常參乘，號爲愛幸。"^{九十三卷一葉上}

三、互文相足例

《宣帝紀》云："詔曰：《詩》不云乎？無德不報。封賀所子弟子侍中中郎將彭祖爲陽都侯。"_{八卷十四葉下}

《張安世傳》云："明年，復下詔曰：《詩》云：無言不讎，無德不報。其封賀弟子侍中關內侯彭祖爲陽都侯。"_{五十九卷十葉下}

按周壽昌云：《安世傳》封關內侯彭祖，無"中郎將"三字，《宣紀》無"關內侯"三字，所謂互文以徵實也。

《宣帝紀》云："元康元年夏五月，復高皇帝功臣絳侯周勃等百三十六人家子孫，令奉祀。"_{八卷十二葉上}

《高惠高后文功臣表》云："絳武侯周勃，元康四年，勃曾孫槐里公乘廣漢詔復家。"_{十六卷十三葉下}

按《通鑑考異》云："《功臣表》，詔復家者皆云元康四年。其數非一，不容盡訛，蓋《紀》訛耳。"錢大昕云："《表》稱元康四年，而《紀》書於元年，蓋有司奉詔檢校，得實請於朝而復之，非一時所易了。《紀》所書者，下詔之歲；《表》所書者，賜復之歲也。"今按錢說矧確。持此意讀史，史文之差互者皆可以意會矣。

《宣帝紀》云："邴吉爲廷尉監，治巫蠱於郡邸，憐曾孫之亡辜，使女徒復作淮陽趙徵卿、渭城胡組更乳養。"_{八卷一葉下}

《丙吉傳》云："掖庭令將則詣御史府，以視吉。吉識，謂則曰：'汝嘗坐養皇曾孫不謹督笞，汝安得有功？獨渭城胡組、淮陽郭徵卿有功耳。'"_{七十四卷八葉下}

按顏注云：《宣紀》云趙徵卿，《邴吉傳》云郭徵卿，《紀》《傳》不同，未知孰是。周壽昌云：此復作女徒，或傳其家姓，或傳其夫姓，故《紀》《傳》有異同也。

《杜延年傳》云："左將軍上官桀父子與蓋主燕王謀爲逆亂，假稻田使者燕倉知其謀，以告大司農楊敞。"〔六十卷三葉上〕

《燕王旦傳》云："會蓋主舍人父燕倉知其謀，告之，由是發覺。"〔六十三卷十二葉下〕

按《杜延年傳》記燕倉之官職，《燕王傳》記其關係，互文以相足也。

《項籍傳》云："梁已破東阿下軍，遂追秦軍，數使使趣齊兵俱西。榮曰：'楚殺田假，趙殺田角、田閒，乃發兵。'梁曰：'田假，與國之王，窮來歸我，不忍殺。'"〔三十一卷十二葉上〕

《田儋傳》云："項梁使使趣齊兵擊章邯。榮曰：'楚殺田假，趙殺角閒，廼出兵。'楚懷王曰：'田假，與國之王，窮而歸我，殺之，不誼。'"〔三十三卷二葉下〕

按其時，項梁臣於懷王，《田儋傳》作懷王語者，據其名也；《項籍傳》作項梁語者，紀其實也。

《項籍傳》云："榮自立爲齊王，予彭越將軍印，令反梁地，越廼擊殺濟北王田安。"〔三十一卷十八葉下〕

《田儋傳》云："榮攻殺濟北王安，自立爲王。"〔三十三卷四葉上〕

按何焯校《項籍傳》云："《田儋傳》，榮還攻殺安，與《異姓諸侯王表》同，此云越殺，誤也。"樹達按，此時越既屬榮，則越殺卽榮殺也。《田儋傳》及《諸侯王表》據其名，《項籍傳》紀其實耳，何以爲《籍傳》之誤？非好學深思心知其意者也。

四、微詞例

《武帝紀贊》云："如武帝之雄材大略，不改文景之恭儉，以濟

斯民，雖《詩》《書》所稱，何有加焉？"〔六卷三十九葉下〕

按師古注云："美其雄材大略而非其不恭儉也。"

《成帝紀贊》云："成帝善修容儀，升車正立，不內顧，不疾言，不親指，臨朝淵嘿，尊嚴若神，可謂穆穆天子之容者矣。"〔十卷十六葉上〕

按何焯云："謂有其容爽其德也。"

《張釋之傳》云："太子與梁王共車入朝，不下司馬門。於是釋之追止太子、梁王毋入殿門，遂劾不下公門，不敬。奏之。薄太后聞之，文帝免冠謝曰：'教兒子不謹。'薄太后使使承詔赦太子梁王，然後得入。文帝崩，景帝立，釋之恐，稱疾，欲免去，懼大誅至。欲見，則未知何如，用王生計，卒見謝，景帝不過也。釋之事景帝歲餘，爲淮南相，猶尚以前過也。"〔五十卷二葉下及五葉止〕

《西南夷傳贊》云："三方之開，皆自好事之臣，故西南夷發於唐蒙、司馬相如，兩粵起嚴助朱買臣，朝鮮由涉何。遭世富盛，能成功，然已勤矣。追觀太宗填撫尉佗，豈古所謂招攜以禮懷遠以德者哉？"〔九十五卷二十二葉上〕

按此以文帝之填撫南越刺武帝之用兵也。

五、記始例

《陳勝傳》云："初爲王，其故人嘗與傭耕者聞之，迺之陳，叩宮門，曰：'吾欲見涉。'宮門令欲縛之，自辯數，迺置，不肯爲通。勝出，遮道而呼涉，迺召見，載與歸。入宮，見殿屋帷帳，客曰：'夥，涉之爲王沈沈者！'楚人謂多爲夥，故天下傳之。夥涉爲王，由陳涉始。"〔三十一卷七葉下〕

按此記俗言之始。

《蕭何傳》云："召平者，故秦東陵侯。秦破，爲布衣，貧，種瓜長安城東，瓜美。故世謂東陵瓜，從召平始也。" _{三十九卷五葉上}

按此記物名之始。

《叔孫通傳》云："惠帝嘗出遊離宮，通曰：'古者有春嘗菓，方今櫻桃孰，可獻。願陛下出，因取櫻桃獻宗廟。'上許之，諸菓獻由此興。" _{四十三卷十八葉上}

《貢禹傳》云："自禹在位，數言得失，書數十上。禹以爲古民無賦算，口錢起武帝征發四夷，重賦於民。民產子三歲，則出口錢，故民重困，至於生子輒殺，甚可悲痛。宜令兒七歲去齒乃出口錢，年二十乃算。天子下其議。令民產子七歲乃出口錢自此始。" _{七十二卷十五葉下}

《儒林傳·梁丘賀傳》云："會八月飲酎，行祠孝昭廟。先敺旄頭劍挺墮墜，首甾泥中，刃鄉乘輿車，馬驚，於是召賀筮之，有兵謀不吉。上還，使有司侍祠。是時霍氏外孫代郡太守任宣坐謀反誅。宣子章爲公車丞，亡在渭城界中，夜玄服入朝，居郎間，執戟立廟門，待上至欲爲逆，發覺，伏誅。故事，上嘗夜入廟，其後待明而入，自此始也。" _{八十八卷九葉上}

《循吏·文翁傳》云："又修起學官，於成都市中招下縣子弟以爲學官子弟。至武帝時，乃令天下郡國皆立學校官，自文翁爲之始云。" _{八十九卷二葉下及三葉上}

《酷吏·趙禹傳》云："禹與張湯論定律例，作見知。吏轉相監司以法，蓋自此始。" _{九十卷五葉上}

《食貨志》云："又興十餘萬人築衛朔方，轉漕甚遠，自山東咸被其勞，費數十百鉅萬，府庫並虛，迺募民能入奴婢得以終身復，爲郎增秩。及入羊爲郎始於此。" _{二十四卷下七葉下}

《漢書釋例》十七年三月

《公孫弘傳》云："元朔中代薛澤爲丞相。先是漢常以列侯爲丞相，唯弘無爵。上於是下詔曰：'蓋古者任賢而序位，量能以授官，勞大者厥祿厚，德盛者獲爵尊，其以高成之平津鄉户六百五十封丞相弘爲平津侯。'其後以爲故事。至丞相封，自弘始也。"_{卷五葉五十八下六葉}

按以上記政治之始。

《西域傳》云："其後日逐王畔，單于將衆來降，護鄯善以西使者鄭吉迎之。旣至，漢封日逐王爲歸德侯，吉爲安遠侯。是歲，神爵三年也。乃因使吉並護北道，故曰都護。都護之起自吉置矣，僮僕都尉由此罷。匈奴益弱，不得近西域，於是徙屯田田於北胥鞬披莎車之地，屯田校尉始屬都護。"_{九十六卷上七葉下}

又《鄯善國傳》云："於是漢遣司馬一人、吏士四十人田伊循以填撫之，其後更置都尉。伊循官置始，此矣。"_{九十六卷上十四葉上}

按以上記官制之始。

《王莽傳》云："前輝光謝囂奏武功長孟通浚井得白石，上圓下方，有丹言書石文曰：'告安漢公，莽爲皇帝。'符命之起自此始矣。"_{九十九卷上二十五葉上}

按以上記禍變之始。

《賈誼傳》云："是時丞相絳侯周勃免就國，人有告勃謀反，逮繫長安獄治，卒亡事，復爵邑。故賈誼以此譏上，上深納其言，養臣下有節，是時大臣有罪皆自殺不受刑。至武帝時稍復入獄，自寧成始。"_{四十八卷三十葉下}

按以上記弊政之始。

又按記始乃《春秋》遺法，如《書》初作稅畝是也。自《史》《漢》有此，以下史家皆倣之。

六、自注例

《淮南厲王長傳》云："淮南厲王長，高帝少子也，其母故趙王敖美人。高帝八年，從東垣過趙，趙王獻美人——厲王母也——幸有身。"〔四十四卷一葉上〕

按此文當以"趙王獻美人幸有身"連讀，"厲王母也"四字乃插注之詞，否則文氣不屬。

又同傳云："亡之諸侯游宦事人及舍匿者論皆有法：其在王所，吏主者坐——今諸侯子爲吏者，御史主；爲軍吏者，中尉主；客出入殿門者，衛尉大行主；諸從蠻夷來歸誼及以無名數自占者，內史縣令主——相欲委下吏，無與其禍，不可得也。"〔四十四卷四葉上〕

按"其在王所吏主者坐"，諸侯王之吏也。今"諸侯子"以下云云，則以中朝之制說明吏主者坐者，故亦爲注文，如淳謂"御史"以下至"縣令主"皆謂王官屬，非也，注文上下今以直線識之，意更明。

又同傳云："十六年，上憐淮南王廢法不軌，自使失國早夭，乃徙淮南王喜復王故城陽，而立厲王三子王淮南故地，三分之，阜陵侯安爲淮南王，安陽侯勃爲衡山王，陽周侯賜爲廬江王——東城侯良前薨，無後。孝景三年，吳楚七國反，吳使者至淮南，淮南王欲發兵應之。"〔四十四卷八葉上〕

《儒林傳·王式傳》云："既至，止舍中，會諸大夫博士共持酒肉勞式，皆注意高仰之。博士江公世爲《魯詩》宗，至——江公著《孝經說》，心嫉式，謂歌吹諸生曰'歌驪駒'。"〔八十八卷十七葉下〕

《貨殖傳》云："關中富商大賈，大氐盡諸田——田牆、田蘭，韋

家栗氏、安陵杜氏亦鉅萬。"〔九十一卷十一葉下〕

《匈奴傳》云:"於是冒頓陽敗走,誘漢兵,漢兵逐擊冒頓。冒頓匿其精兵,見其羸弱,於是漢悉兵——多步兵,三十二萬——北逐之。高帝先至平城,步兵未盡到,冒頓縱精兵三十餘萬騎圍高帝於白登。七日,漢兵中外不得相救餉——匈奴騎,其西方盡白,東方盡駹,北方盡驪,南方盡騂馬。高帝乃使使厚遺閼氏,閼氏乃謂冒頓曰:'兩主不相困,今得漢地,單於非能居之,且漢主有神,單于察之。'"〔九十四卷上八葉下〕

按"多步兵,三十二萬",所以注明漢悉兵者也;"匈奴騎"云云,所以注明精兵三十餘萬騎者也。

《兩粤傳》云:"及諸侯畔秦,無諸搖率粤歸番陽令吳芮——所謂番君者也,從諸侯滅秦。"〔九十五卷十五葉下〕

《王莽傳》云:"以故大鴻臚府爲定安公第,皆置門衛,使者監領,敕阿保乳母不得與語。常在四壁中,至於長大,不能名六畜。後莽以女孫——宇子——妻之。"〔九十九卷中二葉下〕

按宇爲莽之長子,"宇子"所以詳說"女孫"二字者也。

七、終言例

《高祖紀》云:"高祖嘗告歸之田,呂后與兩子居田中,有一老父過,請飲。呂后因餔之,老父相后曰:'夫人天下貴人也。'令相兩子。見孝惠帝,曰:'夫人所以貴者,乃此男也。'相魯元公主,亦皆貴。老父已去,高祖適從旁舍來,呂后具言:'客有過相我子母,皆大貴。'高祖問,曰:'未遠。'乃追及,問老父。老父曰:'鄉者夫人、兒子皆以君,君相貴不可言。'高祖乃謝曰:'誠如

父言，不敢忘德。'及高祖貴，遂不知老父處。"_{一卷上五葉}

《張良傳》云："五日，良夜半往，有頃，父亦來。喜曰：'當如是。'出一編書，曰：'讀是則爲王者師，後十年興。十三年，孺子見我濟北穀城山下黄石，卽我已。'遂去不見。良始所見下邳圯上老父與書者，後十三歲從高帝過濟北，果得穀城山下黄石，取而寶祠之。"_{四十卷三葉上及十一葉下}

八、一人再見例

夏侯勝已見卷七十五《兩夏侯傳》，又見《儒林傳》京房有傳見卷七十五，《儒林傳》又見。

吕后有紀，《外戚傳》又有傳。

按一人二見，本於《史記》。子貢已見《仲尼弟子列傳》，又見《貨殖傳》，是其例也。

九、闕文例

《盧綰傳》云："陳豨者，宛句人也，不知始所以得從。"_{三十四卷二十二葉上}

《荆燕吴傳》云："荆王劉賈，高帝從父兄也，不知其初起時。"_{三十五卷一葉上}

《劉屈氂傳》云："劉屈氂，武帝庶兄中山靖王子也，不知其始所以進。"_{六十六卷二葉上}

《循吏傳》云："王成，不知何郡人也。"_{八十九卷三葉下}

《匈奴傳》云："自淳維以至頭曼千有餘歲，時大時小，别散分離，尚矣，其世傳不可得而次。"_{九十四卷上六葉下}

按此古史闕文之遺法。

十、說明作意例

《張良傳》云:"良從上擊代,出奇計,下馬邑。及立蕭相國,所與上從容言天下事甚衆,非天下所以存亡,故不著。"_{四十卷十一葉上}

《東方朔傳》云:"朔之詼諧逢占射覆,其事浮淺,行於衆庶,童兒牧豎莫不眩燿,而後世好事者因取奇言怪語附著之朔,故詳錄焉。"_{六十五卷二十三葉上}

《酷吏傳》云:"湯周子孫貴盛,故別傳。"_{九十卷二十一葉上}

《西域傳·鄯善傳》云:"自且末以往,皆種五穀,土地草木畜產作兵略與漢同,有異乃記云。"_{九十六卷上十四葉上}

十七年三月廿六日

"上入執宮功"說 十七年四月

《詩·豳風·七月》七章云:"嗟我農夫,我稼既同,上入執宮功。"《毛傳》云:"入爲上,出爲下。"《鄭箋》云:"既同,言已聚也,可以上入都邑之宅治宮中之事矣,於是時男之野功畢。"今按毛釋"上"字爲"入爲上",鄭君從之。其說非也。此"上"字與"尚"同。古書"上""尚"二字多通用。《說文》:"尚,庶幾也,乃有所冀望於人而命之之詞。"《魏風·陟岵篇》云"上愼旃哉",此行役者之父母冀望其子。之詞也,與此"上"字正同,而彼文"上"字漢石經作"尚"。知今詩文"上""尚"二字多互作矣。"入"者，《漢書·食貨志》云："春，令民畢出在野，冬則畢入於邑。"又云："冬民既入，婦人同巷相從夜績。"《毛傳》"出""入"對言，與漢志義同。鄭君以其文簡不具，故申言爲入都邑之宅，與志云冬則畢入於邑者正合。蓋詩人言"嗟我農夫乎，今已冬時矣。我之禾稼既已聚積矣，汝庶幾其可以入於都邑治宮室之事矣。"蓋上文已言"十月納禾稼"，此在既納之後，故云已聚積也。鄭君釋"宮功"爲宮中之事，宮中猶今言室內，對在野爲言。說固可通，然詩下文緊按云："晝爾于茅，宵爾索綯，亟其乘屋。其始播百穀。"則所謂宮功者殆即指乘屋葺治之事爲言也。毛、鄭既誤釋"上"字，而近儒申毛者又不明《毛傳》"出""入"二字之義，特正之如此。_{陳奐《毛詩傳疏》謂"入"字承五章"入此室處"而言。按五章云："嗟我婦子，曰爲改歲，入此室處。"自是言婦子之事，與此章戒農夫者截然爲二事，絕不相蒙也。}

十七年四月廿七日

讀"上"爲"尚"，俞樾《羣經平議》先有此說，惟俞以朱《傳》爲證，不及漢石經之證爲當耳。

《詞詮》自序_{十七年五月}

凡讀書者有二事焉，一曰明訓詁，二曰通文法，訓詁治其實，文法求其虛。清儒善說經者首推高郵王氏，其所著書如《廣雅疏證》，徵實之事也；《經傳釋詞》，擣虛之事也；其《讀書雜

《詞詮》自序十七年五月

志》《經義述聞》，則交會虛實而成者也。嗚呼！虛實交會，此王氏之所以卓絕一時，而獨開百年來治學之風氣者也。訓詁之學，自《爾雅》《說文》以下，更清儒之疏通證明，美矣備矣，蔑以加矣。文法之學，篳路藍縷於劉淇，王氏繼之，大備於丹徒馬氏。余生顓魯，少讀王氏書而好之，弱冠遊倭，喜治歐西文字，於其文法頗究心焉。歸國後乃得讀馬氏書，未能盡愜，既頗刊其誤，復為文法一書以正之。顧文法自有界域，不能盡暢其意，因倣《經傳釋詞》之體，輯為是書。上采劉王，下及孫經世、馬建忠、童斐之書，凡諸詞義，鯤理務密，暢言無隱，學者取是及曩所為文法參互治之，於文法之事庶過半矣。編纂大例具於左方，可覽觀焉。一是書取古書中恆用之介詞、連詞、助詞、歎詞及一部分之代名詞、內動詞、副詞之用法加以說明，首別其詞類，次說明其義訓，終舉例以明之。

一、王氏《經傳釋詞》於詞之通常用法略而不說。此編意在便於初學，不問詞之用法為常為偶，一一詳說。

一、習用之詞，亦偶及其實義，如則訓法，乃名詞；如訓往，乃動詞。本書以治虛為主，而復及此類實義者，蓋欲示學者以詞無定義，虛實隨其所用，不可執著耳，此類意之所至，偶示一二，不能求備自不待言。

一、字以引申而義變，義變而用法歧。本書為欲便於初學，於詞之用法之異者，固不惜詳為分晰，然江流萬派，同出岷山，學者既知其所以分，又能知其所以合，則可謂心知其意者矣。

一、王氏《經傳釋詞》用唐守溫三十六字母為次，今用教育部頒定國音字母為次，師王氏之意也，慮有不習字母者，別編部首目錄，詳載卷數葉數以便尋檢。

一、本書例句多爲著者讀書時隨手采輯，亦聞有展轉迻錄者，因出版倉卒，未獲一一檢核原書，如有差失，深冀讀者是正。

一、本書原與著者所編《高等國文法》相輔而行。彼書以文法系統爲主，此編則以詞爲綱，讀者讀此編後，更讀彼書，則於我國古代文法，可得會通，於讀古書或有事半功倍之效矣。

十七年五月二十日

與陳援庵論《史諱舉例》書十七年七月

承示大著《史諱舉例》，搜采弘傳，條理精嚴，自有此書。而避諱之學卓然成爲史學中之一專科，允爲不祧之名著，甚盛甚盛。日來粗讀一過，輒歎觀止，殆不能復贊一辭，惟旣承下問，輒復貢其管蠡，然涓涘一勻，必無補於江海之大也。一事，《左傳·桓六年》"申繻對問名"一條不以圉云云全爲避諱而發，立義甚精，爲避諱學上最古最重要之材料。大著雖於避諱改官名例中引及晉以僖侯廢司徒二語，其餘則未及徵引，鄙意宜將其文全引，而於改官名、改地名、改物名諸條復分引"不以官""不以國""不以山川""不以器幣"諸語，始足見古人預防避諱愼於命名之意也。二事，《禮記·曲禮上篇》"卒哭不諱"一節，亦爲避諱學上最古最好之材料，而"禮不諱嫌名，二名不偏諱"二語，尤爲古人預防濫諱流弊所定之二大原則，後世避諱日繁，此二原則全然破壞，旣諱嫌名，二名又復偏諱。大著於第五章旣特設"避嫌名"一例，似應補設"二名偏諱"一例，始爲該備。三事，避諱之起，由於古人尊君

與陳援庵論《史諱舉例》書十七年七月

敬親之意。大著"惡意避諱"一條，如唐肅宗惡安祿山安字，盡改諸邑名安字者，却正與古人避諱之意相反。特設一例，與全書意旨逕庭，鄙意卽不刪削，亦當作爲附設一條，理論上較爲完密，卽宋禁人名寓意僭竊例及清初避夷狄字例，亦當作爲附錄以示謹嚴。以上三事，關於體例者也。四事，因犯諱斷定訛謬例中引《漢書·游俠·陳遵傳》一條，謂二"進"字犯史皇孫諱，應以荀悅《漢紀》作"數負遂""償遂博進"者爲是。愚按原文云："制詔太原太守，官尊祿厚，可以償博進矣。妻君寧時在旁知狀。遂於是辭謝，因曰：事在元平元年赦令前。其見厚如此。""官尊"者，指太守而言。官尊祿厚可償博進，乃宣帝與遂戲狎向之索債之詞，謂君寧在旁知狀者，舉證人也。及遂謝罪，乃曰在赦令以前，皆所以爲戲狎也。若如荀氏所改，似謂宣帝當以博進償遂者，上下文不可通矣。蓋皇孫本未登帝位，漢世諱制亦不及後世之嚴。《宣紀》地節四年霍禹謀反事詔書有"進藥"字，又宣帝不諱"進"之明證也。此關於斷案者也。又鄙意凡史家公諱之字，宜以部首分類列爲一表，下注明何代何人之諱，以便讀史者及校勘家之檢查。不知先生以爲然否。此外鄙見所及足以補充大著者數事，亦附寫於後，統希進而教之。幸甚幸甚。

原書"避諱改諸名號例"云："代祖卽世祖，唐之代宗卽世宗。"

按明人惟不知此，故兩有代宗、世宗廟號矣。

"文人避家諱例"云："《史記》改張孟談爲張孟同。"

按《史記》又改趙談爲趙同。史公《報任少卿書》云："同子驂乘，袁絲變色。"同子卽趙談也。又淮南王安著書避其父名長曰脩，引《老子》"可以長久"作"可以脩久"，亦文人避家諱之例。改常語例曾及"長""脩"之例,然可互見。

"因避諱一人前後異名例"云:"儒家有莊助四篇,縱橫有莊安一篇,賦有莊葱奇賦一篇。"

按嚴助傳作嚴安、嚴葱奇,皆諱"莊"作"嚴",蓋《藝文志》錄自劉氏《七略》。《七略》在前,不避莊字,班仍其文,故與傳異也。

二人誤爲一人例。

按柳子厚名宗元,有弟名宗玄,見永州遊記中,若如清諱玄字,改作元字,則二人同名矣。

秦漢諱例雉野雞。

按《漢書》卷八十五《杜鄴傳》云:"野雞著怪,高宗深動,用殷高宗雉雊鼎耳事,變雉爲野雞。"

十七年七月十二日

《周易古義》自序_{十七年十二月}

余年十七八始治《易》,頗不然漢儒象數之說,而獨喜宋程子書,以爲博大精深,切於人事,與孔子繫《易》之義爲近。私謂今所傳漢儒之說,殆一家之學,非其全也。及涉獵《史》《漢》諸子,見有說《易》者,大要皆明人事,則大喜,以爲說《易》之道當如此矣。乃竊仿儀徵阮氏集《詩》《書》古訓之例,輯而錄之,凡得百許事。乙巳之歲,年二十一,感於國難,發憤出遊,此事不復在心目。辛亥兵興,困餓於倭之故都,治任歸來,頗理舊業,發篋陳書，曩所比輯赫然在焉。遂復賡續，置之行篋，時有增益。去歲更徧檢類書，多所補綴。蓋自始事以迄今兹，凡歷二十六七載矣。《漢書·儒林傳》：「丁寬已從田何受《易》，至雒陽，復從周王孫受古義。」《易》有古義舊矣，竊取其義以名茲編。甄采所及，斷自三國，以晉人書有王輔嗣之書具在，其他多以清談爲說，不足復錄故也。嗚乎！逮白首而無成，憶青燈之有味，循覽是編，蓋不勝其掩卷太息之情也。

民國十七年十二月
蔡將軍雲南起義紀念日

積微居文錄卷中竟

積微居文錄卷下

李恕伯先生《讀漢書札記》序 十八年一月

往歲讀《越縵堂日記》，竊佩越縵先生深於史學，繼聞人言，有嘗見先生所讀兩《漢書》者，書眉間手書殆遍，尤想望欲得一讀之。頃者，北海圖書館盡購得先生藏書，門下士高陽王君重民適司整理之役。余因幸得見兩《漢》及其他諸書。旣以整比之法指示王君，王君首成《漢書札記》一種，以校閱爲請。余乃取王氏《補注》本再三校讀，復令王君以《日記》中說《漢書》諸事參校附益之。其中如揭班氏敘圖象麒麟閣事於《蘇武傳》之旨，謂武惟此事足以伸眉於身後，故班氏特以此系《武傳》後，以慰千載讀史者之心，可謂深明良史之用心，發千載未發之覆。他如《食貨志》以"開田官斥塞"爲句，正裴駰、師古之誤讀。《藝文志》"鉤鈲析亂"，訂毛本鈲作鈲之誤。《蕭望之傳》以"軍以夏發"爲句，訂王念孫之誤讀。《外戚傳》妄誇布服糲食，以許后姊名謁證誇爲許后之名，訂孟康之誤解。"飾室中若舍"，以增成舍、昭陽舍爲例證，定"若舍"爲舍名，糾師古之謬說，皆立義精湛，鑿然不可移。其他精義紛陳，殆未可一一僂指❶，而王氏《補注》顧未能盡錄其說者。蓋王氏寓京以《補注》諸卷與先生商榷，在光緒辛巳壬午間，《越縵堂日記》三十六册三十四葉下九十八葉下記王以《補注》屬閱；八十四葉下記王氏借去《漢書》手校；三十七册八葉下《荀學齋日記》、丙丁辛巳十一月三十日記王以《司馬遷傳補注》屬校閱，附識七條；九十八葉壬午四月二十七日下記王以《終王嚴賈傳補注》屬校，附識二條。其後王氏出任江蘇學政，事畢歸田，遂終老於湘，而先生以後終始居京，末由會合從容商榷。又先生於《漢書》先後用力至勤，王氏殆未能盡覩其說也。館中旣以是書付

---

❶ "僂指"當爲"縷指"。——編者註

印，不日成書，王君請序其首，因書此以志景仰之誠云。

　　　　　　　　　　　　　　十八年一月十九日

時務學堂弟子公祭新會梁先生文十八年一月

　　於維夫子，萬民之望，海嶠毓靈，積厚流光。清季失政，四維不張。國既自伐，海虜披猖。日蹙百里，危哉四疆。普天同憤，摧肝裂腸。爰有大師，南海之康。慨彼政陵，圖我國強。開門授徒，式建草堂。萬木森森，羣彦觥觥。中有夫子，抗首龍驤。如劍得礪，光斂益鋩。既冠學成，馳驅四方。設館黃浦，發爲文章。議政匡俗，奮厲慨慷。以我悲憫，覺彼聾盲。大地晦冥，萬類倀倀。如聞天雞，鳴彼高岡。惟我楚士，聞風激揚。乃興黌舍，言儲棟梁。禮延我師，自滬而湘。濟濟多士，如飢獲糧。其誦維何，孟軻公羊。其教維何，革政救亡。士聞大義，心痛國創。拔劍擊柱，踴躍如狂。夫子詔我，攝汝光芒。救國在學，乃惟康莊。天禍中原，變起帷牆。清廷反汗，億兆駭惶。倉黃違難，託足扶桑。言從我師，先後來航。拳亂欻興，舉國徬徨。九天將裂，大難孰當。投袂誓師，實惟瀏陽。李田林蔡，先仆後僵。匹夫任重，爰有國殤。辛亥功成，斯是濫觴。爰暨丙辰，巨憝自王。松坡崛起，折彼鯨狼。溫溫范君，邦教是倡。民智之興，厥績煌煌。凡此諸彦，師教之倡。事在天壤，民其能忘。蔡范云殂，薄海所傷。如何不弔，復遘茲殃。士失厥宗，邦喪其良。黃金可成，此恨焉償。形軀雖暫，教澤則長。矧有遺書，名山是藏。感念平生，敬薦酒漿。靈而有知，來格來嘗。尚饗！

梁季雄《荀子約注》序 十八年五月

民國十五年九月，余始教學於清華大學。於時先師新會梁先生方任清華研究院教授，余因得日侍先生有所請益，又以是得識介弟季雄君。一日君出，所爲《荀子約注》示余，命余校正，余既校竟，以歸之君。又三年，君命爲之序，乃作而言曰："善哉君之爲書也，其引誘後學之意可謂至哉。蓋余嘗謂吾國先哲所留遺之書，吾輩後學者有闡明之之責。其嘗爲先儒所整理者，則當循是而益求其精；其尚未經先儒整理者，則當起而整理之以求其有，令後人循是而求精焉。此深造之事也。深造之外，又當有普及之事焉。蓋今日學課日繁，讀先哲之書者不必皆求深造於此者也。先儒所未及整理者，無論矣；卽其已整理者，大都諸說紛陳，辨訟斷斷。初學而非專門之士，乍睹焉則望洋而歎，中卷而廢，終不得卒讀。以一窺先哲之精神，是豈非吾輩治學者之責乎？《荀子》一書，固嘗經吾邑先輩王葵園先生所整理者也。君取其書，加之句讀，前儒之解釋，善者存之，不當者去之，又頗益以近儒及先師之說，簡明易觀，吾知初學者得此必欣然卒讀，必不至望洋而歎、中卷而廢也。其於普及之益，不亦大哉？且今世之需此類書也甚急，而顧未有創爲之者，然則君先導之功又不可沒矣。先是君嘗請序於先師，先師諾之，以病遷延未及爲，而竟不得序君書。君以先師在日，於樹達時有過譽之詞，乃以命余。既自愧不足任，又不得終辭，爰取平日所懷僭列於簡端。追念清華侍坐先師暢聞明論之時，又不禁掩卷而長吁也。

十八年五月廿三日

說"所"字之詞性

《說文·斤部》所載伐木聲之"所"字，與《論語·爲政篇》"居其所"之"所"字，皆是名詞，《書經·無逸篇》"君子所其無逸"之"所"字是動字。古人誓詞必用"所"字，如《左傳》"所不歸爾孥者有如河"是也，此種"所"字是假設連詞，皆不在此文討論範圍以內。今所討論者，乃《馬氏文通》認爲接讀代字之"所"字，此種所字用法亦有數種，故今舉六例說明之。

一、"此吾所以取天下也。"《漢書·高帝纪》

二、"丞之職所以貳令。"韓文《藍田丞廳壁記》

三、"衛太子爲江充所敗。"《漢書·霍光傳》

四、"陰陽、卜筮、占相、醫方、氏族、山經、地志、字書、圖畫、九流、百家、天人之書，乃至浮屠老子外國之說皆所詳悉。"韓文《毛穎傳》

五、"高祖乃立爲沛公，祀蚩尤，而釁鼓旗，幟皆赤，由所殺蛇白帝子，殺者赤帝子故也。"《漢書·高祖紀》

六、"爵者，上之所擅。"《漢書·食貨志》

第一例　"此吾所以取天下也。"

此被動式文也。何以知之？以可換爲主動文故。試換爲主動文，則爲：

吾以此取天下也。

又試取兩文比較之。

甲、吾　以　此　取　天　下　也

乙、此 吾 所 以 取 天 下 也

乙句主語之"此",在甲句爲介字"以"之賓語。以兩句相比較,乙句僅僅多一"所"字,則所爲表被動之詞明矣。

第二例 "丞之職所以貳令。"

此亦被動文也。何以知之?以可換譯爲主動文"以丞之職貳令"故。試取兩句比較之:

甲、"以　丞之職　貳　令"

乙、"丞之職　所　以　貳　令"

"丞之職"在甲句爲介字"以"字之賓語,而在乙句則爲主語。兩相比較,乙句又僅僅多一"所"字,則"所"字爲表被動之詞又明矣。_{甲句無主語,可補人字爲主語,以其述一般之事故也。}

第三例 "衛太子爲江充所敗。"

此又被動文也。何以知之?以可換譯爲主動文"江充敗衛太子"故。試取兩句比較之:

甲、江充　敗　衛太子

乙、衛太子　爲　江充　所　敗

"衛太子"在甲句爲外動詞"敗"之賓語,而在乙句則爲主語。兩相比較,除乙句多一爲字外,又多一"所"字,則"所"字爲表被動之詞明矣。

然則"爲"字爲何詞?曰:"爲",介字也。"江充"在甲句主動式之句爲主語,在乙句被動文之句必爲賓語,此世界文字之通例也。"爲"字者,所以介出賓語之"江充"者也。

而馬氏乃云:

"衛太子爲江充所敗","敗",外動也。"江充",其起詞。"所"字指衛太子,而爲"敗"之止詞。故"江充所敗"實爲一

讀。今蒙爲字以爲斷。猶云衛太子爲江充所敗之人。意與衛太子敗於江充無異。如此江充所敗乃爲之表詞。文通卷四第二十三葉

馬氏謂"所"字指衛太子，今試將句中"所"字删去，用"衛太子"三字填充之，文當爲：

"衛太子爲江充衛太子敗"

尚可通乎？

馬氏謂"衛太子爲江充所敗"，意與"衛太子敗於江充"無異，此語是也；但又謂猶云"衛太子爲江充所敗之人"，則今試各用相等之句證明之。

甲、衛太子爲江充所敗。等於：

乙、衛太子見敗於江充。

此馬氏所言也。

丙、衛太子爲江充所敗之人。等於：

丁、衛太子者，江充所敗之人也。

此亦當無疑問。然試取乙、丁二句對照之：

乙、衛太子見敗於江充。

丁、衛太子者。江充所敗之人也。

乙句敘述衛太子見敗之事實，丁句則表明衛太子爲何如人，二句之意思果相同乎？乙丁二句之意義既不相同，則等乙之甲與等丁之丙，不能相等明矣。

且馬氏以"爲"爲斷詞之爲，則《漢書·張騫傳》云：

大宛見騫，喜，問曰："若欲何之？"騫曰："爲漢使月氏而爲匈奴所閉道。"

則將譯爲"漢使月氏而爲匈奴所閉道之人"乎？又如《黃霸傳》云：

吏出，不敢舍郵亭，食於道旁，烏攫其肉。後日，吏還，謁霸。霸見，迎勞之曰：甚苦，食於道旁，乃爲烏所盜肉。

亦將譯爲"食於道旁，爲烏所盜肉之人"乎？

此必不可通矣。且就

甲、衞太子　爲　江充　所　敗

乙、衞太子　見　敗　於　江充

二語相等觀之，甲之"爲江充"，等於乙之"於江充"，甲之"所敗"等於乙之"見敗"，則"爲"爲介字固可證明。而"所"等於"見"，其爲被動助動詞又明矣。

第四例　陰陽、卜筮、占相、醫方、氏族、山經、地志、字書、圖畫、九流、百家、天人之書，乃至浮屠老子外國之說，皆所詳悉。

此語亦被動文也。何以知之？以可換譯爲主動式文：

毛穎詳悉陰陽、卜筮、占相、醫方、氏族、山經、地志、字書、圖畫、九流、百家、天人之書，乃至浮屠老子外國之說。

故。_{主語毛穎，據文義增。}

第五例　"高祖乃立爲沛公，祀蚩尤而釁鼓旗，幟皆赤，由所殺蛇白帝子，殺者赤帝子故也。"

"所殺蛇"者，被殺之蛇也。愚引此例，便憶及《漢書》原文下句本作"所殺者，赤帝子故也"，"殺"字上原亦有一"所"字。惟清校書家王氏念孫深通文法，彼知此"所"字不可通，故將此字校刪，以漢高祖爲主殺之人，不得爲被殺者，故不能有"所"字故也。今文法大明，不知所爲表被動之詞者，眞有愧於王氏父子矣。

第六例　"爵者，上之所擅。"

此"所擅"乃謂被擅之物事，蓋"所"下加動詞，與名詞同，此馬氏之說也。此說用於此例最爲適宜，蓋第三例若非如今文，而爲：

> 衞太子者，江充之所敗也。

則亦可適用此說，然而原文不如此，而馬氏亦以此說解之，故不可通耳。

九年一月初稿，
十八年十二月九日改正於清華園

《馬氏文通刊誤》自序十八年十二月

自馬氏著《文通》，而吾國始有文法書，蓋近四十年來應用歐洲科學於吾國之第一部著作也，其功之偉大不俟論矣。顧天下事創始者難爲功，馬氏之卓絕者在是，其書不無遺恨者亦在是。余自民國初元始讀《文通》，頗持異議。八年秋冬之際，家居少事，爰述是編，繼是北遊，續有所述，人事卒卒，迄未終篇。今年春間，旣以余著《高等國文法》一書付之書坊，念彼書本爲修正馬氏而作，第以限於體制，未得盡言，則就馬書盡爲抉摘，學者容有取焉。暑中無事，因遂發憤續成此書。綜而論之，馬氏之失約有十端。

一曰不明理論。如古文記所在所經所至之地，本當有介字"於"字爲先者也，故記地之詞爲賓次，而馬氏乃云"無介字爲先，故所記之地列於賓次"，則適得其反矣。又此類例有介字者，正例也；省介字者，變例也；馬氏乃云"所經之處介'以''乎'字者，非常例也；記所至之處後乎內動無介字者，常也"，則又與理論

不合矣。又馬氏云"'比'字領讀，則爲連字，若《祭義》云'比時''及時'也，則爲介字"，不知介字與外動字相似，外動字既可以一讀爲止詞，則介字亦可以一讀爲司詞也。

二曰所見不瑩，致詞與組織動搖不定。如《孟子》云"三代之得天下也以仁"，"以"，介字也，而馬氏乃云以爲動字。又《孟子》云"天子不能以天下與人"，"與人"者，"與於人"之省略，人，轉詞也，而馬氏乃以爲止詞。《儒林傳》云："仲尼既沒，七十子之徒散遊諸侯。""既"，狀字也，而馬氏乃云"既"爲連字。

三曰強以外國之法律中文，失中文固有之神味。如《孟子》云："以大事小者，樂天者也。"二"者"字，指示代字也，而馬氏定爲接讀代字。《漢書》云："衞太子爲江充所敗。""所"字，被動助動字也，馬氏亦定爲接讀代字。《平準書》云"諸買武功官爵❶首者，試補吏，先除"，"諸"，表數靜字，所以修飾"買武功官爵首者"一頓者也，馬氏乃云"諸，代字也，'者'以指之"。《孟子》云："諸侯多謀伐寡人者。"此猶云"諸侯之中謀伐寡人者多也"，"多"字乃靜字表詞，而馬氏云"多"字主"次"，諸侯偏次，猶分子與分母然。《論語》云"冉有、季路見於孔子，曰"云云，此冉有、季路見於孔子而後有言，"見"，第一動字也，"曰"，第二動字也，而馬氏乃以"冉有、季路見於孔子"爲一讀，所以記述言之時，以"曰"字爲坐動，又以"冉有、季路見於孔子"一讀爲起詞。

四曰不知文有省略。《留侯世家》云："不愛萬金之資，爲韓報仇強秦。""報仇強秦"者，報仇於強秦也，而馬氏不明有省文於

---

❶ 據《史記·平準書》原文，"官爵"當爲"爵官"。——編者註

字,乃云"強秦者,仇之同次"。《孟子》云:"決汝漢、排淮泗而注之江","注之江"者,"注之於江"之省略也,而馬氏云"之"字代"之於"二字。

五曰強分無當。如"是""此"二字用法本無別也,而馬氏云:"凡指前文事理不必歷陳目前而爲心中可意者,即用'是'字;前文事物有形可跡,且近而可指者,用'此'字。"又云:"'焉'代'於是'爲指事,代'於此'爲指地,代'於之'爲指人。"又云:"身字明其人之與其事,親字表其人之行其事。"皆無據而妄分。"以"字之於司詞,無論司詞長短,或居動字之前,或居動字之後,本無定也,而馬氏乃云"短者居動字之前,長者居動字之後"。

六曰不識古文有錯綜變化,泥於詞位,誤加解釋。《送孟東野序》云:"漢之時,司馬遷、揚雄最其善鳴者也。""最其善鳴者",猶云其最善鳴者也,而馬氏以"最"字在句首,遂謂"最"字爲靜字表詞。《酷吏傳》云:"匈奴至爲偶人象郅都,令騎馳射莫能中。"又云:"天子至自視病,其隆貴如此。"二"至"字,皆介詞,此猶云匈奴畏都,至爲偶人象❶都,令騎馳射莫能中,湯隆貴至天子自視病也。而馬氏以二"至"字在匈奴、天子之下,遂認爲內動字。《霍光傳》云:"去病大爲仲孺買田宅、奴婢而去",此猶云"爲仲孺大買田宅奴婢"也,"大"者,言其買之多也,而馬氏見"大"字在爲仲孺三字之上,遂云"大"字不狀"買"字而狀"爲仲孺"三字矣。

七曰誤認組織。如《項羽紀》之"梁父,即楚將項燕"。"項燕",表詞,"楚將",加詞也,馬氏乃云"楚將爲表詞"。《孔子世

---

❶ "象"今寫做"像"。——編者註

家》云："孔子布衣，傳十餘世。""孔子"，起詞，"布衣"，表詞也，馬氏乃云"'孔子布衣'，起詞"。《匈奴傳》："其見敵則逐利如鳥之集，其困敗則瓦解雲散矣。""其見敵""其困敗"，皆表假設之讀也，而馬氏乃云"'其見敵'一讀爲'逐利'之起詞；'其困敗'一讀爲'瓦解'之起詞"。《刺客傳》云"得趙人徐夫人之匕首"，按"趙人"乃"徐夫人"之加詞，馬氏乃云"趙人偏次"。《馮唐傳》云"雲中守魏尚坐上功首虜差六級"，魏尚，主次，"雲中守"，加詞也，而馬氏云"'魏尚'，同次，以名雲中守，則輕重失其倫矣"。《趙充國傳》云："今先零羌楊玉，此羌之首帥名王。""首帥名王"，表詞也，而馬氏乃認爲加詞。韓文《盧君墓志銘》云："余之宗兄故起居舍人以道德文學伏一世。""起居舍人"，起詞，"宗兄"，加詞也，而馬氏乃云"'起居舍人'，同次，亦曰加詞"。《莊子·大宗師》云："墮枝體，黜聰明，離形去知，同於大道，此謂坐忘。""墮枝體"四句，起詞也，"此"，複指上文四句也，而馬氏乃以"此"爲起詞，以"墮枝體"四句爲加詞，則又輕重倒置矣。又"在"字言人物所處之境者，內動字也，而馬氏乃定爲同動，且以位"在"字下之詞爲止詞。《高祖紀》云："今天下賢者之智能豈特古之人乎？"此謂今天下賢者之智能，不僅止於古人之智能。"智能"，起詞也，而馬氏乃云："賢者，起詞，智能，兩靜字表詞。此猶云今日天下所有賢者，皆是智能之人。'喝起'二句，猶云今之賢者亦有智能之人，豈惟古人爲然哉？"《貨殖傳》云："桀黠奴，人之所患也，惟刀閒收取，使之逐魚鹽商賈之利。""之"者，"使"之止詞也，而馬氏以"之逐魚鹽商賈之利"爲一讀，云是"使"字後承讀。《孟子》云："民望之，若大旱之望雲霓也。""大旱"者，謂大旱時也，而馬氏乃云"大旱，起詞"。

八曰誤定詞類。如"天子穆穆，諸侯皇皇"，"穆穆""皇皇"，皆靜字也，而馬氏定爲狀字。《孟子》云："今燕虐其民。""今"，狀字也，馬氏乃以爲連字。《孔子世家》云："余低徊留之不能去云。""云"，助字也，而馬氏乃以爲外動字。《孟子》云："比其反也，則凍餒其妻子。""比"，介字也，而馬氏乃以爲連字。《孟嘗君傳》云："今君又尚厚積餘藏欲以遺所不知之何人。""何"，虛指指示靜字也，而馬氏乃以爲詢問代字。《孟子》云："人皆可以爲堯舜。""皆"，狀字也，馬氏乃以爲代字。《孟子》又云："二王吾將有所遇焉。""有"，動字也，馬氏乃云"'有'爲代字"。《詩》云："凡今之人，莫如兄弟。""凡"，靜字也。《荀子》云："簿薄之地，不得履之，非地不安也，長足無所履也。""凡"在言也，此"凡"字乃狀字也，而馬氏皆誤認爲代字。《淮陰侯傳》云："誠能聽臣之計，莫若兩利而俱存之。"韓《上鄭相公書》云："安敢閉蓄以爲私恨，不一二陳道？""兩俱""一二"，皆狀字也，而馬氏以爲約指代字。《樊噲傳》云："漢王起巴蜀，鞭笞天下。""鞭笞"者，假名爲外動字也，而馬氏乃以爲狀字。《禮書》云："至于高祖，光有四海。"《儒林傳》云："至於威宣之際，孟子、孫卿之列咸遵夫子之業而潤色之。""至于""至於"，複合介字也，而馬氏乃以爲連字。《左傳》云："韓子亦無幾求。""幾"，表數靜字也，而馬氏乃以爲狀字。《樂記》云"治世之音安以樂"，此"以"字，連字也，而馬氏乃以爲介字。

九曰不明音韻故訓。如《書》云"爾知寧王若勤哉？""若"古訓有"此"字之義，故用爲"若""此"之義，而馬氏云："若此，但云若者，省文也。"則失其義矣。《孟子》云："惻隱之心，仁之端也。""端"猶今言端緒，馬氏乃云仁德中之一端。《李廣傳》云：“未到匈奴陳二里所止。”“二里所”，二里之譜也，馬氏乃云二里餘。《左傳・襄十二年》云：“請爲靈若厲。”“若”，或也，而馬氏釋爲“與”。《論語》云：“君而知禮，孰不知禮？”又云：“富而可求也，雖執鞭之士吾亦爲之。”古“而”字與“如”同，假設連字也，馬氏不知，遂定爲承接連字。《齊策》云：“子孰而與我赴諸侯乎？”古“而”“能”通用，故《國策》以“而”爲“能”者至夥，馬氏不知，亦以爲承接連字。

十曰誤讀古書。《孟子》云“己頻顣曰”，“頻顣”當連讀，己在主次，而馬氏云“己頻者，仲子之頻也，己在偏次。”《陸賈傳》云：“爲社稷計，在兩君掌握耳。”“爲社稷計”，猶今人云給國家打算耳。“爲”，介字，“社稷”，司詞，“計”，動字也，而馬氏乃以“爲”爲動字，“計”爲名詞，謂“社稷”在偏次。《陸賈傳》云：“足下，中國人，親戚、昆弟、墳墓在眞定。”此云親戚與昆弟及墳墓皆在眞定也，馬氏乃云親戚、昆弟之墳墓在眞定。《汲黯傳》云：“黯褊，心不能無少望。”此當以“褊”字爲讀，而馬氏乃以“褊心”連讀。《楚策》云：“遂生子男，立爲太子。”“子男”者，猶古人云子男子也，馬氏析子男爲二，謂“子”爲賓次，而“男”則表其所生之子爲男。《汲鄭列傳》云：“大將軍青侍中，上踞廁而視之。”“侍中”謂侍於宮中，“視之”，視衛青也，而馬氏乃云：“之指侍中。”《左傳・襄三十一年》云：“且年未盈五十，而諄諄焉如八九十者。”“者”字表擬似之助字也，而馬氏云：“八九十，靜字，所以指有是年之人也。”韓文《王君墓誌銘》云：“我得一卷書，粗若告身者。”“粗”者，狀字，今言大略也，而馬氏乃以“粗”爲靜字，以“粗若”爲書與“告身”之平比。《爲人求薦書》云：“如某等比。”“等比”與“等輩”同，《漢書》屢見，而馬氏云：“如某等比，卽比如某等也。”哀六年《左傳》云："請就之位。""請就之位"者，請使已就位也，而馬氏云"就商之於位"，則文不可通矣。《秦策》云："蘇秦始將連橫，說秦惠王。""將"，助動字也，"連橫"當爲一讀，而馬氏乃以十字作一句讀，訓"將"爲"以"。《賈誼傳》云："先王執此之政堅如金石。"按"執此"當連讀，"之"，連字也，而馬氏乃以"此之"連讀。又云："夫習與正人居之不能毋正，猶生長於齊不能不齊言也；習與不正人居之不能毋不正，猶生長於楚之地不能不楚言也。""習與正人居之不能毋正"當作一句讀，"習與不正人居之不能毋不正"亦當作一句讀，二"之"字，連字，所謂言之間也，而馬氏乃於"之"字爲讀，云"之"當解如"者"字。

凡若此類，遽數之蓋不能終其物也。雖然，馬書博大，又事屬刱爲，其或有差違，殆無足異。余竊怪其書出後，於今三十餘年，顧未有起而修正之者，豈虛浮之習，國人中之已深，與科學之爲術嚴整密栗者終不相入乎？余不敏，雖有志焉，而又未敢自必其能也。世有達者，相與講習而共明之，是則區區之心所禱祀以求者也。

十八年十二月十日

國文中之倒裝賓語 十九年一月

國文中賓語之位置居外動詞或介字之後者，常也，然有倒裝者，今詳述之。

一、疑問代名詞爲賓語時_{必居動介之前}

終南何有，有條有枚。《詩·秦風·終南》
內省不疚，夫何憂何懼。《論語·顔淵》
寡人有子，未知其誰立焉？《左傳·閔二年》
吾誰欺？欺天乎？《論語·子罕》
王者孰謂？謂文王也。《公羊傳·隱元年》
問臧奚事，則挾策讀書。《莊子·駢拇》
以上居外動詞之前者。
何由知吾可也？《孟子·梁惠王上》
誰爲爲之？《史記·自序》
曷爲先言王而後言正月？正月也。《公羊傳·隱元年》
水奚自至？《吕覽·貴直》
以上居介詞之前者。
惟介詞"于""於""爰"三字介紹疑問代名詞時，爲例外，不倒置。

哀我人斯，于何從祿。《詩·小雅·正月》
彼人之心，于何其臻。又《菀柳》
此日而食，于何不臧。又《十月之交》
吾于何逃聲哉？《列子·湯問》
民衣霧，主吸霜，閒可倚，杼于何臧？《易緯·是類謀》
異類衆夥，于何不育。左太沖《蜀都賦》
所謂伊人，于焉逍遥。《詩·小雅·白駒》
所謂伊人，于焉嘉客。又

我視謀猶，伊于胡底。又《小旻》

于以采蘩，于沼于沚。于以采藻，于彼行潦。《詩·召南·采蘩》

于以采蘋，南澗之濱。又《采蘋》

于以湘之，惟錡及釜。于以盛之，惟筐及筥。又

爰居爰處，爰喪其馬。于以求之，于林之下。又《邶風·擊鼓》

盜竊之行，於誰責而可乎？《莊子·則陽》

四海之議，於何逃責？任彥昇《爲齊明帝讓宣城郡公表》

小子後生於何考德而問業焉？韓文《送溫處士序》

推誠永究，爰何不臧。《漢書·外戚傳》

二、句中以無指代名詞"莫"字爲主語時_{代名詞爲賓語則居前}

子曰：莫我知也夫。《論語·憲問》

晉侯聞之而後喜可知也，曰：莫余毒也已。《左傳·僖二十八年》

不患莫己知，求爲可知也。《論語·里仁》

蟏蛸在東，莫之敢指。《詩·鄘風·蟏蛸》

夫子愬，莫之止，必不出。《左傳·襄二十四年》

夫以信召人而以僭濟之，必莫之與也。又《襄二十六年》

會同難，嘖有煩言，莫之治也。又《定四年》

故天下諸侯既許桓公，莫之敢背。《齊語》

狂者傷人，莫之怨也。嬰兒詈老，莫之疾也。《淮南子·說林訓》

雖使五尺之童適市，莫之或欺。《孟子·滕文公》

人皆曰予知，驅而納諸罟獲陷阱之中而莫之知避也。《禮記·中庸》

福輕乎羽，莫之知載；禍重乎地，莫之知避。《莊子·人間世》

三、句中有否定副詞時_{則爲賓語之代名詞先置}

居則曰，不吾知也。如或知爾，則何以哉？《論語·先進》

如有政，雖不吾以，吾其與聞之。又《子路》

季子雖來，不吾廢也。《史記·吳世家》

子不我思，豈無他人。《詩·鄭風·褰裳》

今鄭人貪賴其田而不我與，我若求之，其與我乎？《左傳·昭十二年》

日月逝矣，歲不我與。《論語·陽貨》

我留，匈奴必以我爲大軍之誘，不我擊。《史記·李廣傳》

始吾貧時，昆弟不我衣食，賓客不我內門。又《主父偃傳》

是區區者而不余畀，余必自取之。《左傳·昭十三年》

僂句不余欺也。又《昭二十五年》

不患人之不己知，患不知人也。《論語·學而》

豈不爾思，室是遠而。《論語·子罕》

先君之不爾逐，可知矣。《公羊傳·隱三年》

非吾力不能納也，義實不爾克也。又《文十五年》

無適小國，將不女容焉。又《僖七年》

余恐亂命以不女遠。又《襄十年》

余不女忍殺，宥女以遠，勉速行乎。又《昭元年》

三代命祀，祭不越望。江漢雎漳，楚之望也，禍福之至，不是過也。又《哀六年》

以上用否定副詞"不"字之例。

管子對曰：未可，鄰國未吾親也。《齊語》

晉國之命，未是有也。《左傳·襄十四年》

蓋有之矣，我未之見也。《論語·里仁》

不好犯上而好作亂者，未之有也。又《學而》

望道而未之見。《孟子·離婁》

吾觀世俗之樂，舉羣趣者，誙誙然如將不得已，而皆曰樂者，吾未之樂也，亦未不之樂也。《莊子·至樂》

子路有聞，未之能行，惟恐有聞。《論語·公冶長》

以上用否定副詞"未"字之例。

爾無我詐。我無爾虞。《左傳·成元年》

志輕理而重物者。無之有也。外重物而不內憂者。無之有也。《荀子·正名》

以上用否定副詞"無"字之例。

馬驚，敗績，公隊，佐車授綏。公曰，末之卜也。《禮記·檀弓》

以上用否定副詞"末"字之例。

或曰：讙讙者天下皆說，奚其存？曰：曼是爲也。《法言·廣見》

以上用否定副詞"曼"字之例。

四、雖無上述之原因，
人稱或指示代名詞爲賓語亦間有先置者

今命爾予翼，作股肱心膂。《書·君牙》
詳乃視聽，罔以側言改厥度，則予一人汝嘉。又《蔡仲之命》
爾貢包茅不入，王祭不共，無以縮酒，寡人是徵。昭王南征而不復，寡人是問。《左傳·僖四年》
有渝此盟以相及也，明神先君是糾是殛。又僖廿八年

五、有二事爲比較時則賓語雖爲名詞亦先置

飢寒之不恤，誰遑其後？《左傳·襄二十八年》
飢寒之不恤，誰能恤楚？又
上二例賓語與動詞之間有"之"字爲助。
寡人唯是一二父兄不能共億，其敢以許自爲功乎？《左傳·隱十一年》
老夫，其國家不能恤，敢及王室？又昭二十四年
臣死且不避，卮酒安足辭。《史記·項羽紀》
上無"之"字爲助者。

六、語氣側重時則爲賓語之名詞先置

陛下於淮南王不可謂薄矣，然而淮南王，天子之法，咫蹠促而

弗用也；皇帝之令，熟批傾而不行也。《賈子》《淮南》

上例外動詞賓語先置。

孝景時，每朝議大事，條侯魏其侯，諸列侯莫敢與亢禮。《史記·魏其侯傳》

上例介詞賓語先置。

七、賓語倒置在動介之前_{以之字助之}

孟武伯問孝，子曰：父母唯其疾之憂。《論語·爲政》

吾以子爲異之問，曾由與求之問。又《先進》

東略之不知，西則否矣。《左傳·僖九年》

僑聞，君子非無賄之難，立而無令名之患。又昭十六年

僑聞，爲國非不能事大字小之難，無禮以定其位之患。又

華則榮矣，實之不知。《晉語》

上外動詞賓語先置者。

寡人之使吾子處此，不惟許國之爲，亦聊以固吾圉也。《左傳·隱十一年》

叔仲昭伯曰：我楚國之爲，豈爲一人行也？又襄廿八年

宋向戌曰：我一人之爲，非爲楚也。又

非夫人之爲慟，而誰爲？《論語·先進》

吾先君，固周室之不成子也，故濱於東海之陂，黿鼉魚鱉之與處，而鼃黽之與同渚。《越語》

臃腫之與居，鞅掌之爲使。《莊子·庚桑楚》

上介詞賓語先置者。

八、賓語倒置在動介之前 以是字助之

除君之惡，唯力是視。《左傳·僖二十三年》
率師以來，唯敵是求。又宣十二年
余雖與晉出入，余唯利是視。又成十三年
寡人師以聽命，唯好是求。又
唯吾子戎車是利，無顧土宜，其無乃非先王之命也乎？又成二年
荀偃命曰：雞鳴而駕，塞井夷竈，唯余馬首是瞻。又襄十四年
自今日旣盟之後，鄭國而不唯有禮，與強可以庇民者是從而敢有異志者，亦如之。又襄九年

以上助"唯"字者。

將虢是滅，何愛於虞？《左傳·僖四年》
慶鄭曰：愎諫違卜，固敗是求，又何逃焉？又僖十五年
寡人之從君而西，亦晉之妖夢是踐，豈敢以至？又
君亡之不恤，而羣臣是憂，惠之至也。又
親我無成，鄙我是欲，不可從也。又襄八年
王子相楚國，將善是封殖，而虐之，是禍國也。又襄三十年
若未嘗登車射御，則敗績厭覆是懼，何暇思獲？又襄卅一年
有君而臣是助，無乃不可乎？又昭二十一年
今土數圻而郢是城，不亦難乎？又昭二十五年
今吳是懼而城于郢，守已小矣。又
君人者，將禍是務去，而速之，無乃不可乎？又隱三年
子爲司寇，將盜是務去，若之何不能？又襄二十一年

以上不助唯字者。

以上外動詞之例。

齊侯曰：豈不穀是爲？先君之好是繼。與不穀同好，何如？
《左傳·僖四年》

文、武、成、康之建母弟以蕃屏周，亦其廢墜是爲，豈如弁髦而因以斃之？又昭四年

以上介詞之例。

九、外動詞之賓語先置_{以焉字助之}

我周之東遷，晉鄭焉依。《左傳·隱六年》
按《周語》作"晉鄭是依"。
安定國家。必大焉先。又襄三十年》
委蛇還旅。二守焉依。後漢書·任李劉傳贊》

十、外動詞之賓語先置_{以或字助之}

如松柏之茂，無不爾或承。《詩·小雅·天保》

十一、外動詞之賓語先置_{以來字助之}

顯允方叔，征伐獵狁，荊蠻來威。《詩·小雅·采芑》
匪安匪游，淮夷來求。又《大雅·江漢》
匪安匪舒，淮夷來鋪。又
匪疚匪棘，王國來極。又
是用作歌，將母來諗。又《小雅·四牡》

不念昔者，伊余來墍。又《邶風·谷風》
既之陰女，反予來赫。又《大雅·桑柔》

十二、外動詞之賓語先置以云字助之

有皇上帝，伊誰云憎。《詩·小雅·正月》
伊誰云從。惟暴之云。又《何人斯》
無曰不顯。莫予云覯。又《大雅·抑》

十三、外動詞之賓語先置以于字助之

赫赫南仲，玁狁于襄。《詩·小雅·出車》
赫赫南仲，玁狁于夷。（又
四國于蕃，四方于宣。又《大雅·崧高》

十四、外動詞之賓語先置以斯字助之

朋酒斯饗，曰殺羔羊。《詩·豳風·七月》

十五、外動詞之賓語先置以"爲"字助之

女爲人臣子，不顧恩義，畔主背親，爲降虜於蠻夷，何以女爲見？《漢書·蘇武傳》

十六、外動詞之賓語先置 以"之"爲助之

使弈秋誨二人弈，其一人專心致志，惟弈秋之爲聽。《孟子·告子上》

故人苟生之爲見，若者必死；苟利之爲見，若者必害。《荀子·禮論》

惟行之爲守，唯義之爲行。又《不苟》

十七、外動詞之賓語先賓 外動詞之下復補"之"字

夏禮，吾能言之，杞不足徵也；殷禮，吾能言之，宋不足徵也。《論語·八佾》

百畝之田，匹夫耕之。《孟子·梁惠王上》

三里之城，七里之郭，環而攻之而不勝。又《公孫丑下》

拱把之桐梓，人苟欲生之，皆知所以養之者。又《告子上》

子變子言，則齊國吾與子共之。《呂氏春秋·恃君·知分》

張廷尉，由此天下稱之。《史記·張釋之傳》

皮鹿門先生《師伏堂筆記》序 十九年一月

鄉先輩善化皮鹿門先生傳聞強記，經術湛深，爲吾湘二百年來所僅見。光緒戊戌，余嘗於南學會獲聞先生演講，先生稱引傳

記，暗誦如流，聽者莫不驚倒。又嘗得見先生於邱園師坐上，時余年在童稚，師爲介於先生，先生則驚起以禮相接，謙光盛德，至今令人想慕焉。民國元二年閒，偶於平江蘇厚庵師所見葵園先生與師手簡，有云："近讀皮先生《經學通論》，愧汗無地，蓋葵園傾服先生之誠如此。先生著述，今日海內外既爭相寶貴，獨《春秋講義》及筆記二種，往時僅以排版印行，世罕得見。先生女孫茭從余遊，余既得其書於其家，恐其久而散佚，因節脩脯之所入，先取筆記付諸剞氏。先生生於道光二十九年己酉，卒於光緒三十四年戊申，年六十。近者《清史稿》出，既不爲先生列傳，而先生門下士余友李君肖聃所撰先生年譜亦迄未殺青，因附記於此，俾服膺先生者有所考云。"

十九年一月

讀《漢書·儒林傳》 十九年二月

《漢書·儒林傳·王式篇》云："式徵來，既至，止舍中，會諸大夫博士共持酒肉勞式，皆注意高仰之。博士江公世爲魯詩宗。至，心嫉式，謂歌吹諸生曰：'歌《驪駒》。'式曰：'聞之於師，客歌《驪駒》，主人歌《客毋庸歸》。今日諸君爲主人，日尚早，未可也。'江翁曰：'經何以言之？'式曰：'在《曲禮》。'江翁曰：'何狗曲也。'式恥之，陽醉逿墜。"按此節自來說者皆未得其義，今詳釋之。蓋《驪駒》者，客道別之歌也；《客毋庸歸》者，主人留賓之歌也。江翁命歌《驪駒》者，意蓋在促式之行，所以辱式

读《汉书 儒林传》十九年二月

也。式云"今日诸君为主人者",意谓今日诸君既为主人,但当歌留宾之《客毋庸归》,不得歌客当歌之《骊驹》也。以上式之所言,式既自称师说,而亦与物情相应,江翁之所诘殆不在此。式又称"日尚早,未可"者,式意盖谓式自身为客,固可歌《骊驹》,然此时日尚早,不欲即辞去,故亦不可即歌也。江翁问"经何以言之",式曰"在《曲礼》"者,《曲礼》曰:"侍坐于君子,君子欠伸,撰杖履,视日早莫,侍坐者请出矣。"此式所指也。然《曲礼》本文意谓君子"视日早莫",则侍坐者请辞去,实与式此时情事不相应,故江翁骂其"狗曲",而式竟无从解答也。按《后书·卓茂传》❶云:"茂事博士江生,习《诗》《礼》,究极师法。"彼文江生即此江翁。据此翁兼通《诗》《礼》,故能辨式之曲说耳。古人文简不具,说者不能以意逆之,则不得其义。钱竹汀、孙志祖乃因服虔注有《骊驹》逸诗篇名见《大戴礼》之文,牵合之而云《大戴礼》亦有《曲礼》篇名,则误之甚者矣。_{钱说见《潜研堂文集》卷廿七,孙说见《读书脞录续篇》卷一}

又辕固篇云:"窦太后好老子书,召问固,固曰:'此家人言耳。'太后怒曰:'安得司空城旦书乎?'迺使固入圈击彘。上知太后怒而固直言无罪,乃假固利兵。下圈刺彘,正中其心,彘应手而倒。太后默然,无以复罪。"按《李广传》有一事与此正相类。彼文云:"敢男禹有宠于太子,亦有勇。尝与侍中贵人饮,侵陵之,莫敢应。后怒之上,上召禹使刺虎,县下圈中。未至地,有诏引出之,禹从落中以剑斫绝累,欲刺虎。上壮之,遂救止焉。"据此二文观之,则汉法有令人入圈刺兽之制。又以太后"默然,无以复罪"二语观之,知刺兽死者可以无罪,然则反是而刺兽不死者必为有罪矣。按此制为《刑法志》所不载,今无由知其详。愚疑此盖古

---

❶ "《后书·卓茂传》"指"《后汉书·卓茂传》"。——编者注

代刑法之留遺而略加變革者也。《論衡·是應篇》云："觟䚦者，一角之羊也，性知有罪。皋陶治獄，罪疑者令羊觸之，有罪則觸，無罪則不觸。"《說文·十篇上·廌部》："廌，解廌獸也，似山牛，一角。古者決訟，令觸不直。"又云："灋，刑也，平之如水，從水。廌，所以觸不直者去之，從去。"蓋古法決獄令獸觸人，近於殘暴，漢法令人刺獸，蓋有鑒於古法之殘暴而略變之者歟。《韓非·內儲說上》云："李悝爲上地守，人之有狐疑之訟者，令之射的，中之者勝，不中者負。"按悝爲制定法經之人，以射的決曲直，亦較古人以獸觸人者爲合理。漢法用獸與古法同，而以能刺獸死與否爲有罪無罪之準，又與李悝之以射的中否爲準者同，然則漢法蓋折衷於古法與李悝而爲之者歟？

十九年二月廿七日

與曾星笠書 十九年八月

過奉相訪，以同遊者牽率，未能細談，至爲悵悵。長沙又遭浩劫，嫂夫人想未南歸，甚幸事也。舍閒來電，託庇平安。暑中作何研究，能見示一二否？弟恆疑今日文字音讀，不惟韻與古殊，即聲亦與古不相合。例如，所字從戶得聲，古與許通，《說文·所》下引《詩·伐木》"所所"，《毛詩》作"許許"。"戶"爲匣母字。"許"爲曉母字，觀此古人蓋無曉、匣之分，則"所"字古音當屬曉、匣母，而《廣韵》"疎舉切"，爲審母字，今音又入心母則與古不合矣。又如臣字，以聲爲訓之，《釋名》訓以牽字，《說文》亦爾。又臤字從臣得聲，牵、臤音同，皆溪母字，然則臣字古音當與牵、臤相近，而《廣韵》作"植鄰切"，屬禪母，又與古不合矣。又如滅字，《說文》從威聲，而威字，《詩·正月》釋文引《說文》從戌聲。《淮南子·道應訓》云："相天下之馬者，若滅若失，若亡其一。"此文出《莊子》，而《莊子·徐無鬼篇》作"若卹若失，若喪其一"，按戌、卹古本同音，故劉熙《釋名》亦以恤釋戌，然則滅字古讀當與卹同，而《廣韻》作"亡列切"，又與古讀不合矣。凡此皆證據灼灼，可以考見者。以此類求，他當甚夥，頗擬搜索，作爲一編，不知能如志否。吾兄篤精音韻，卓有發明，未審有以教之否。

十九年八月十五日

郭耘桂先生《讀騷大例》跋

二十年一月

湘陰郭耘桂先生，爲玉池老人之仲子，少承家學，博通百氏，於兩漢契向歆父子，於宋契朱晦翁，中年以後，感於時世之變，跅弛不羈，日日出入酒家，與蕩子歌伶爲偶，一方口肆談謔，一方手握筆草所著書。嘗規模《七略》，著《栖流略》一書，取長沙歌伶女妓析爲九流，與以題品，文字奧博，世以爲中壘復作也。嘗注《墨子》，繼見長沙曹耀湘所爲《墨子箋》，說多闇合，遂輟不爲。二十年來，自以身丁家國之變，發憤注《騷》，精思力索，凡三易草乃成，多前人所未發也。先生既以兵亂盡喪其資業，晚乃寄頓於某歌伶之家，署其門曰郭耘桂先生寄頓處，世俗或駭之，先生不顧也。余於十七年夏南歸省親，屢訪先生，日相游處。先生既示余《騷》注，余亦以所業《漢書》，說呈先生。先生過譽余，既爲手評，復允爲余序之。別後不一月，而先生以疾逝，年五十有七。日本友人橋川子雍嘗聞先生之學於吾同門友松崎柔甫，又喜究屈原書，讀先生是篇，服其精詣，將爲印行，既命余校字，又乞言於余。余頗聞去歲長沙之變，先生所爲《騷》注稿不幸燬於火，果爾，則先生既困於生前，天又阨之於死後，先生信可謂奇窮，而此編乃尤可寶貴矣。先生初名焯螢，字子燮，號炎生，晚乃改名大癡，自號耘桂先生云。

二十年一月十二日

頃聞稿燬之說不實，乃大幸也。

李恁伯先生《諸史札記》序_{二十年一月}

往者我國學者之治史籍也，有二派焉，其一曰批評，其二曰考證。而二派中又各有二枝，批評之第一枝曰批評史籍，如劉子玄、鄭漁仲、章實齋之流是也；第二枝曰批評史實，如胡致堂、張天如、王船山之流是也。考證之第一枝曰考證史實，如錢竹汀、洪筠軒之所爲是也；其第二枝曰鉤稽史實，如趙甌北、王西莊之所爲是也。西莊書至駁雜，茲據其一部分言之。批評史籍，其途差狹，自劉、鄭、章外殆不數見。自宋至清初，則批評史實最盛之時期也。清儒治學，惡蹈空，喜徵實，彼懲於批評史實之虛而無當也，故變其道而趨於考證，於是考證派之兩枝於乾嘉之際同時並起，而繼其後者第一枝爲盛。越縵先生者，乃承錢、洪之流，而爲有清一代考證派之後殿者也。綜而論之，考證史實，爲事較難，而所得反小；鉤稽史實，爲之者較易，而收獲反豐，要之非心思縝密用力勤至者不能，二者固無異也。近者瀛海交通，國人有見於西儒史籍之精密正確，囘顧吾國之正史，意以爲不足。是固然矣，抑知彼精密正確之史籍果何自而得之乎？非從彼繁富之史料簡練精采而得之者乎？然則吾亦欲得精密正確之史籍如彼者，非從至繁富之史料簡練而精采之，其不可得亦明矣。若吾國所謂正史者，雖不足以盡史料之全，而爲吾國最重要之史料，無可疑也，乃從事於此者第以畏其繁重，束之不觀，顧徒裨販他國人所爲之吾國史以自足，其偸不已甚乎？嗚呼，以最繁重難治之業，而以最苟簡之法應之，其無當也宜矣。吾意士生今日，不欲治史，則亦已矣；苟欲治史也，則必先取吾最豐富之史料之正史審別之、鉤稽之，又取前哲之所辛勤積貯如考證派之所爲者，利用之、整比之，又益以金石考古之所得。而以他國儒者之所治者助之。然後精密正確之史漸可冀也。若舍先哲遺留之田土置之不耕。徒鹵莽滅裂。乞靈於外人，於學固無所得，而其有愧於錢、洪、王、趙及越縵諸先生亦已甚矣。余讀越縵先生《諸史札記》，感而書此，世有達者，或不河漢余言乎。

二十年一月十四日

長沙方言考

　　章君太炎謂古無日紐，日紐皆歸泥紐。今長沙鄉間讀人字如娘紐（ㄏ-ㄣ），乃泥紐音（ㄋ-ㄣ）之變音也。

　　《淮南·本經篇》高注云："贏讀指端贏文之贏。"按指端贏文，今長沙語猶然。

　　《一切經音義》引《倉頡篇》云："脬，盛尿者也。"今長沙猶云尿脬，脬讀如拋。

　　《呂氏春秋·異用篇》云："孔子之弟子從遠方來者，孔子荷杖而問曰：'子之公不有恙乎？'搏杖而揖之。問曰：'子之父母不有恙乎？'"公謂祖也，今長沙或稱祖父曰公公。

　　《說文·十二下·女部》云："婍，不肖也。徐音匹才切。"篇韻皆布美切。按長沙今指人之不肖者曰婍子，通書痞字。然痞，《說文》訓痛，義不相符，當改書婍字爲是。

　　勁，《玉篇》音靳，引《埤蒼》云："勁，多力也。"《廣雅釋詁》："勁，力也。"按今長沙猶謂力爲勁，音正如靳。

　　《說文》："唐，大言也。"今長沙謂言語誇誕不實者曰扯唐。

　　《史記·日者傳》記宋忠、賈誼試之卜數中以觀采。按采謂吉凶之先兆也，今長沙云采頭，有看采頭、抽采頭之語。

　　太史公《報任少卿書》云："彼觀其意，且欲得其當而報漢。"當者，猶今言機會。長沙今云當口，當字讀平聲，蓋當可之訛也。

　　《漢書·西域傳》："以金銀爲錢，文爲騎馬，幕爲人面。"如淳曰："幕音漫。"今長沙謂錢背面曰幕子，幕音正如漫。又顏注云："今所呼幕皮者，亦謂其平而無文也。"今長沙猶謂薄膜曰幕皮，幕亦讀如漫，惟讀平聲耳。此字亦作動詞用，蒙物以薄層時用之。班固《賓戲》："䝿龍虎之文舊矣。"孟康曰："䝿，被也。"顏音莫限反，正作動詞用。

《說文》："櫼，楔也，子廉切。"今長沙猶言打櫼，俗書作尖。櫼字亦作鉆，《戰國策·趙策》："蘇秦謂趙王曰：'今臣使於秦而三日不見，無有爲臣鐵鉆者乎？'"以鐵鉆喻讒間。今長沙謂增毀人曰加鉆，正與之合。

顏注《司馬相如傳》云："以玉飾瓦之當也。"今長沙猶謂物之端曰當，讀去聲。

《說文》："楇，匡當也。"今長沙謂百物之輪廓曰匡當。

《方言》："盂謂之㿻，河濟之閒謂之盌盞。"按今長沙尚云盋盞，字作盌盞。

《說文·皿部》："盬，器也，从皿，从缶，古聲。"按今俗有甖盬。《說文·十三下·土部》云："坯❶，瓦未燒。"按今長沙猶云。

慧琳《一切經音義》引集訓云："縛竹木浮於水上運載，名之爲撥。南土吳人或謂之簿，即筏也。簿音排。"按長沙今云木簿，簿猶作排音。

《說文·竹部》云："箅，蔽也，所以蔽甑底。從竹，畀聲。"《玉篇》："箅，博計切。"《世說》云："客詣陳大邱，使元方、季方炊。二人委而竊聽，炊忘箸箅，飯落釜中。"按今長沙猶謂蔽甑爲底者曰甑箅子，箅讀平聲。

《說文》云："繰，帛如紺色。或曰，深繒，讀若喿，徐音親小

---

❶ "坯"當爲"坏"。——編者註

切。"《禮記·檀弓》云:"布幕,衛也。繅幕,魯也。"^{"繅"字今本誤作"縿",兹從王引之校。}以"繅"與"布"爲對文。《墨子·非樂篇》云:"多治麻、絲、葛、緒、綑、布、繅。"^{"繅"今本亦誤作"縿",亦從王校。}按今長沙謂布曰布繅,恆言布繅衣服,讀繅爲去聲。

《說文》:"繻,繒耑裂也,假字作綸,或作繻。"《左傳》:"紀裂繻。"《公羊》《穀梁》作"綸"。《漢書·終軍傳》:"關吏與軍繻。"蘇林云:"繻,帛邊也。"今長沙謂裂帛之散絲曰繻,讀與需同。

《說文》:"襜衣蔽前也。"《周禮》"巾車皆有容",先鄭以容爲幨車,即《詩》之帷裳也。《儀禮·士昏禮》"婦車有裧","裧""襜"字同,蓋凡所以爲蔽者皆曰裧也。今長沙謂蔽窗之布帛曰窗裧,車輿中所以爲蔽者亦曰裧,或讀裧如炎,曰炎子。

《說文·三篇上·革部》云:"靪,補履丁也。"今長沙猶曰打補丁,衣履皆言之。

《漢書·賈誼傳》:"偏諸緣。"服虔云:"偏諸如牙條。"按今長沙猶云牙條。

《說文》:"韜,劍衣也。"按今俗變作套字。

《廣益玉篇·土部》云:"垻,必駕切。蜀人謂平川曰垻。"《廣韻》四十禡亦云然,按今長沙鄉間多言垻。

《文選》謝靈運《述祖德詩》注:"楚人謂深水爲潭。"按今長沙語猶然。

《說文·十三下·土部》云:"塯,由也。"江沅云:"今人泥由,謂之泥塯。"即此字。按今長沙亦言泥塯,塯音變如巴。

《漢書·張湯傳》:"治方中。"師古注:"古謂掘地爲阬曰方,今荊楚俗土功築作算程課者猶以方計之。"按今長沙語猶然,知自唐以來卽有此語。

《說文》："桊，牛鼻環也，居倦切。"今長沙名牛桊子，桊讀居倦切之送氣音（ㄑㄩㄢ）。

《酉陽雜俎》云："秦中多巨黑蟻，好鬭，俗呼爲馬蟻。"按今長沙猶云馬蟻。

《爾雅》郝疏引《犍爲文學》注云："鳩一名鶻鵃，今之班鳩也。"按今長沙有班鳩，鄉俗謂班鳩鳴則天將雨。

近日汪君榮寶謂魚、虞、模韻，古讀如麻韻，證據頗確。按長沙謂烏爲老鴉。烏讀如窪，猶古音也。《漢書·西域傳》"烏秅國"，注：烏音，一加反。

《說文》："梜，梅也。"《類篇》："梜，杏也。"《齊民要術》引《詩》義疏云："梜梅，杏類也，樹木葉皆如杏，而黑耳，實赤，似杏而酸，亦生噉也。"按長沙有呼楊梅者，正如《詩》義疏所云，殆卽梜梅也，梜聲略變爲楊耳。《子虛賦》云"樗棗楊梅"，則楊梅之稱亦早矣。

《廣韻·一先》云："槏，小栗名，趙魏閒語云。"按今長沙謂栗之小者曰槏栗子，讀槏如箭。

《廣韻·十七薛》云："栵，楚呼爲茅栗也。"按今長沙正云茅栗。

相如《子虛賦》云："茈薑蘘荷。"師古注："薑之息生者，連其株本，則紫色也。茈音紫。"《文選》注引張揖曰："茈薑，子薑也。"今長沙仍呼茈薑。

郋園先生云："今長沙鄉間與夫相警戒之詞，凡逢人及牛羊動物曰活踢，樹枝低下礙輿者曰掛踢，地上有荊棘曰芒陽踢，卽《莊子·人閒世篇》'迷陽迷陽，毋傷吾行'之遺語也。"又王葵園先生《莊子集解》云："迷陽謂棘刺也，至今吾楚與夫遇之猶呼迷陽踢也。迷音讀如麻。"

《玉篇》："核，爲革、戶骨二切，果實中也。"今長沙言核正如戶骨切。

《詩·椒聊》箋云："一梂之實，蕃衍滿升。"今長沙猶言簇聚成房之物曰一梂。

《說文》："瞟，暸也，敷沼切。"又云："暸，察也，戚細切。"《魏都賦》云"暸呂梁"，今長沙謂不正目而視曰瞟，謂從隙窺視曰暸，讀入聲。

《說文》新附云："眨，目動也，側洽切。"按今長沙謂動目爲眨。

《說文》云："聑，聶語也。从口从耳。"《詩》曰"聑聑幡幡"，七入切。按从口从耳者，謂以口附耳有言也。今長沙謂耳語爲聑，作動詞用，又謂耳語者爲講聑聑話，作形容詞用。聑皆讀平聲。

《魏志·蘇則傳》云："則謂爲見問，鬚髯悉張，欲正論以對。侍中傅巽掐則，曰：'不謂卿也。'"按《說文·十二上·手部》新附云："掐，爪刺也，苦洽切。"今長沙猶謂以爪刺人曰掐。

《廣雅釋詁》："扽，引也。"《玉篇》："扽，引也，撼也，古字作頓。"《鹽鐵論·散不足篇》云："吏捕索掣頓，不以道理。"褚先生補《史記·滑稽傳》云："當道掣頓人車馬。"《釋名》曰："掣，制也，制頓之使順已也。"按今長沙猶謂引繩曰扽。

《說文》："拕，曳也，托河切。"今長沙謂曳爲拕，書字作拖。

《說文》："縈，收卷也。"^{卷字段校}从《詩·周南》傳云："縈，旋也。"今長沙謂收繩卷之爲縈，讀如央，庚、耕、青古音近陽、唐也。

《廣雅譯詁》云："䟴，蹋也。"又云："䟴，履也。"《列子·天瑞篇》云："若躇步跐蹈。"今長沙謂足踐地曰跐，音如采。（ㄘㄞ）

《說文·二篇上·走部》："趙，僵也，讀若匐，徐音朋北切。"又足部："踣，僵也。"引《春秋傳》曰"晉人踣之"，蒲北切。二字音義皆同。又六篇上木部："棓，梲也，徐音步項切。"今長沙謂趙仆曰棓，讀與棓字音同（ㄅㄤ），不作蒲北、朋北音。

《漢書·儒林·王式傳》云："式恥之，陽醉邅地。"❶顏注："邅，失據而倒也，音徒浪反。"官本引宋祁云："服虔音湯，去豆皮之湯。蕭該音勑宕反。"今長沙猶謂倒臥爲邅，讀平上二聲，讀平聲者，罵人臥者爲湯屍是也。按《說文》無邅字，俗不知爲邅字，故以躺字爲之。

古音庚、清、陽、唐相近。《詩》："將子無怒，將伯助予。""將"即"請"也。今長沙東鄉及瀏陽皆讀請如搶，將字也。"如"字據近日章太炎、汪榮寶二君之說，當爲泥紐麻韻。"如"之孳衍字有"挐"，讀女加切，正如字之古音也。段氏《說文注》互易挐、拏二篆文，謂奴聲之字讀女加切，如聲之字讀女居切，非也。今通語謂"如我何"爲"如我怎樣"，"如"正讀如"挐"，俗遂書作"拿"字。

糴字從翟聲，爲蕭宵韻部字，今音同狄，乃以求別於糶而異其音耳。今長沙鄉人猶謂買穀爲糴穀，正讀他弔切，乃古音也。門人席魯思云，東安縣亦云糴穀，亦讀他弔切。

《方言》："僉，宋魏之間謂之攝殳，或謂之度；自關而西謂之棓，蒲項反，或謂之拂；齊楚江淮之間謂之柍。"郭注云："僉，今連枷，所以打穀者。度、棓、拂、柍皆僉之別名也。"今長沙謂摑穗

---

❶ "陽醉邅地"前文引《漢書·儒林·王式傳》，作"陽醉邅墜"。——編者註

出穀曰棓穀，棓讀如磅。

古無輕脣音，覆讀如僕，逢讀如蓬。今長沙語猶言覆如僕，言逢如蓬，逢轉爲去聲。

搖動曰震。今長沙讀如吞上聲，按古無舌上音，此正震之古音也。

《漢書・張禹傳》云："學魯論，念張文。"鄉先輩周壽昌云："念，背誦也。"今猶云讀書爲念書。

《漢書・西域傳》注云："胡桐，蟲食其樹而沫出下流者，俗名爲胡桐淚，言似眼淚也，可以汗金銀，今工匠皆用之。"按今長沙猶謂黏合金屬裂縫曰汗，據顏注，則此語自唐以來已有之矣。

《說文・一篇下・草部》："荌，食牛也。"按今俗作餧字。

《鬼谷子・捭闔篇》："捭之者，料其情也。"陶弘景注："料，謂簡擇。"按今長沙謂棄去曰料，蓋始謂簡選不用者曰料，引伸而爲凡棄去之稱矣。

《漢書・田延年傳》："延年抵曰：'本出將軍之門，蒙此爵位，無有是事。'"師古曰："抵，拒諱也。"按長沙猶謂有惡不自承曰抵賴。

《說文》："組，補縫也，丈莧切。"《古豔歌行》云："故衣誰當補，新衣誰當綻。賴得賢主人，攬取爲我組。"謂縫補爲"綻"、爲"組"。今長沙語猶然，又或讀綻如定。

《玉篇》："絎，行孟切，縫紩也。"《廣韻》云："刺縫也。"按今長沙謂縫紩曰絎，讀音如行列之行（ㄏㄤ）。

《莊子・外物篇》云："柴生乎守。"注："柴，塞也。"《後漢書・周紆傳》"乃柴門自守以待其禍"，《楊震傳》"於是柴門絕賓客"，案"柴"字，古音與"棧"同。《漢書・賈誼傳》"柴奇"。《新書·淮難篇》作"棧奇",《韓詩外傳》"柴車",《晏子春秋》作"棧車",《史記·司馬相如傳》"柴池茈虒",徐廣注云:"柴池,參差也。"此謂"柴池"即"參差","池""差"音近,"參"與"棧"亦音近。今長沙謂塞門曰棧門,即《後漢書》之柴門也。

《廣韻》:"賧賕,貪財之貌。今長沙謂多以物入己曰賧,又曰賕。

《說文》:"迕,距也。"今長沙謂以言抵距人者曰为迕,音變如村。

《廣雅釋詁》:"舀,抒也。"《玉篇》"舀,音翼珠、弋周、以沼三切。"按今長沙謂取水曰舀水,讀以沼切。

《廣雅釋詁》:"舌,抒也。"《玉篇》音呼活、烏活二切。《廣韻》云:"舀水也。"按今長沙謂取水曰舌水,讀如烏活切而變譌為上聲。

《玉篇》:"齌,手出其汁也,古但作齊。鄒陽《酒賦》云:"且筐且漉,載酉載齊。"是也。按今長沙謂笮汁曰齌。

《玉篇》:"笮音仄乍切。云,笮酒也。"《後漢書·耿恭傳》云:"笮馬糞汁而飲之。"李賢注:"笮謂壓笮也。"稽康《聲無哀樂論》云:"猶莚酒之囊漉,雖笮具不同,而酒味不變也。"今長沙猶云笮油,字作榨,蓋漢晉人只作笮,而榨為後起字也。

《心明經音義》引通俗文云:"去汁曰滓。"按今長沙正謂去水曰滓。

慧琳《一切經音義》七十五云:"《通俗文》云:汰米曰淅。淅,洮也。江南言淅,中國言洮。"按今長沙猶言洮米,讀洮如桃。

《詩·陳風》:"東門之池,可以漚麻。"《考工記》:"慌氏以涗水漚其絲。"鄭注:"漚,漸也,楚人曰漚。"《說文》:"漚,久漬也。"按今長沙猶謂以水漬物曰漚。

《漢書‧溝洫志》:"河水盜溢。"師古曰:"溢,踊也。"崔瑗《河隄謁者箴》云:"溢溢滂汩。"《後漢書‧陳忠傳》:"徐岱之濱海水溢溢。"今長沙謂水溢曰溢。《文選‧江賦》注引許慎曰:"楚人謂水暴溢曰瀳,扶園切。"古無輕脣音,"瀳"當讀如潘,與"溢"爲一聲之轉,然則"溢"之爲楚言。其來久矣。

《方言》:"憊,火乾也,凡以火而乾五穀之類關西隴冀以往謂之憊。"《說文》:"煏,以火乾肉也。《周官‧籩人》注云"鮑者於楅室中糗乾之","煏""楅"與"憊"同,此猶"福"之爲"備"也。今長沙猶謂以火乾物曰"憊"。

《說文》:"炕,乾也。"《廣雅釋詁》:"炕,曝也。"今長沙謂以火乾物曰炕。

《玉篇》:"炘,許勤切,又許靳切,炙也,字或作焮。"昭十八年《左傳》:"行火所焮。"杜注云:"焮。炙也。"按今長沙謂置物於火旁乾之曰焮,讀許靳切。

《說文》云:"㲉,卵不孚也。孚古音如包。"今長今猶言抱蛋。玄應《一切經音義》十八引服虔《通俗文》曰:"雞伏卵,北燕謂之菢,《方言》八文同。

《說文‧十三篇下‧黃部》云:"黊,青黃色也,徐音呼罪切。"段注云:"謂青色敝而成黃色也。"按今長沙猶謂顏色久而敗曰黊色,讀如賄。

《說文‧一篇下‧草部》云:"草木凡皮葉落陊地爲蘀。"引《詩》"十月隕蘀",徐音它各切。按今長沙凡物折斷皆曰蘀。

今長沙語謂黏著之"黏"音如"玷"、"點"而略侈,與讀

"占"音者不同（"占"讀舌上），亦"占"字之古音也。

《說文》云："倜，市也。"段氏云："蓋即今之兌換字也。"按今長沙猶言互換曰倜。

《詩·王風》："有女仳離。"《毛傳》："仳，別也。"《方言》："披，散也。"《說文》："紕，散絲也，匹卦切。"今長沙言物凌亂不整理者曰仳離紕賴，或單言紕；作動詞用，曰紕在四路裏。

《廣雅釋詁》："嫽，嬈也。"《說文》："嬈擾，戲弄也。"《衆經音義》四引三倉云："嬈，弄也。"按今長沙謂小兒互相弄曰嫽，或云嫽打。

《說文》云："宛屈，草自覆也。"此當連篆文讀，於屈字度句。《漢書·揚雄傳》注云："宛，屈也。"《說文·乙下》云："象春草木宛曲而出，宛曲即宛曲也。"《列女傳》陶嬰寡，作歌曰："黃鵠早寡兮，七年不雙。宛頸獨宿兮，不與衆同。""宛頸"謂屈頸也。《禮記·內則》："兔爲宛脾。"注"宛"或作"鬱"，古"宛""鬱"同音。《說文》："奧，宛也。"亦以同音爲訓。"奧"當讀如燠，故"宛"聲之字如"菀"、如"黦"今皆讀如鬱。《說文》"宛屈"乃疊韻字也。今長沙謂折物使屈曲爲宛，音正讀如鬱。《荀子·富國篇》："使民夏不宛暍。"楊注引或說云："宛當爲奧。"篆文'宛'字與'奧'字略相似，遂誤耳。奧，如六反。"按楊讀"奧"爲如六反，是也；以宛爲誤字，則非。蓋古讀"奧""宛"本同音，可通用也。又物自曲亦曰宛，則讀如宛今音之平聲，音如彎。

《潛夫論·浮侈篇》云："以完爲破，以牢爲行。以大爲小，以易爲難。""完"、"破"、"牢"、"行"、"大"、"小"、"難"、"易"，皆相反之義也。《羣書治要》載崔實政論云："器械行沽。"《周禮·司市》云："害者使亡。"鄭注："害，害於民，謂物行苦者。""沽""苦"皆"盬"之假文，謂不堅牢也。"行沽""行苦"連文，則"行"亦"盬"也。今長沙謂不堅牢之貨物曰行貨子，猶"行苦"之遺言矣。

慧琳《音義》六十引《倉頡篇》云："哆，脣從緩也。"《說文》："哆，張口也，丁可切。"《廣韻》："哆，張口也，敕加切。"按此轉歌入麻也。今長沙猶謂張口曰哆口，讀哆爲馬韻。_{敕加切，上聲}

《釋名·釋言語》云："孝，好也。孝古音與好同。"此以同音字爲訓也。今長沙鄉間讀喪服時所著孝衣曰好衣，好讀去聲。

《說文·紒》下云："絲勞則紒。"又繎下云："勞也。"_{段謂"勞"當作"縈"，非是。《廣韻》亦云"絲勞貌"。}今長沙謂果物❶經久曰勞。

《方言》："東齊聲散曰廝。"今長沙猶謂出聲散曰喉嚨廝。

《列子·黃帝篇》云："燋然肌色皯黣。"按《說文》云："皯，面黑氣也。"《楚辭·漁父》云："顏色憔悴。"王逸注云："皯，黴黑也。"《說文》："黴，中久雨青黑，武悲切。""黣"與"黴"聲義俱近。王注之"皯黴"，即《列子》之"皯黣"也。今長沙猶謂人顏色憔悴者爲黴。

《穀梁傳·襄二十四年》云："四穀不升謂之康。"范注云："康，虛也。"長沙今謂物少不滿器曰康。《賈子·憂民篇》云："五歲小康，三十歲而一大康。"康亦虛義。

《方言》："趙魏之閒或謂慧曰鬼。"按今長沙猶謂行小慧者曰鬼。

《字林》："幺，小豚。"郭注《爾雅·釋獸》云："豕子最後生者，俗呼爲幺豚。"今湖南西部及四川呼幼子曰幺。

---

❶ "果物"今寫做"裹物"。——編者註

《說文》:"潐,水盡也。"《爾雅》:"水醮曰厬。"郭璞注云:"謂水醮盡。"今長沙謂乾涸曰潐乾。又《說文》:"糤,盡酒也。""釂,飲酒盡。"《荀子·禮論篇》云:"利爵之不醮也。"《史記·游俠·郭解傳》:"與人飲,使之嚼。""糤""釂""醮""嚼"並同,皆盡義也。按今長沙謂人貧窮者曰醮,蓋謂其財盡也。

《方言》:"𦮼孋,短也。江湘之會謂之𦮼,凡物之生而不長大亦謂之𦮼,又曰瘠,桂林之中謂短孋。"郭璞注云:"今俗呼小爲瘠。"按今長沙謂小物曰瘠。

《說文》:"㑌,嬾僻也。"《廣韻》:"奴對切,極困也。"《廣雅釋詁》:"㑌、疲、勞、僻,同訓爲嬾。又儜儜,疲也。"《家語》:"孔子儜儜若喪家之狗。"按今長沙謂人疲勞爲儜。

《說文》:"䁙,短深目貌也,烏括切。"今長沙猶謂深目者曰䁙,讀平聲。

《廣雅》:"仉,輕也。"左思《魏都賦》:"遏以汎剽之單慧。"張載注引《方言》:"汎,剽輕也。"按今長沙謂相戲謔曰仉子,即輕薄子之意也。

玄應《一切經音義》引何承天《纂文》云:"區匨,薄也,今俗呼廣薄爲區匨,關中呼牌匨。"按今長沙謂短而肥之人與物曰區匨家。

《說文》:"康,屋康宎也。宎,康宎也。"《方言》:"康,空也。"今湘俗言物之大而空者曰宎康,作形容詞用。

《方言》:"泡,盛也。"長沙今言事業盛大者曰夥泡。

《說文》云:"納,絲溼納納也。""縓,絲勞也,如延切。"劉向《九歎》:"衣納納而掩露。"王逸注:"納納,濡溼貌。"今長沙謂衣服及百物濡柔者曰納縓。

《說文》："綊，偏緩也，昌善反。"《爾雅釋訓》云："繹繹，緩也。"《說文》："繟，帶緩也，亦昌善反。"按《毛詩》"檀車幝幝"，釋文云："幝幝，《韓詩》作綊綊。"《樂記》："其聲嘽以緩。"鄭注云："嘽，寬綽貌。""綊"、"繟"、"幝"、"嘽"，皆寬緩之貌，實一字也。今長沙謂人之寬厚可欺者曰繎繎。

《說文》云："𣥂，足剌𣥂也，从止屮，讀若撥，北末切。"按止下云："下，基也，象草木出有阯，故以止爲足。𣥂从止声，謂兩足相背，猶二人相背爲北也。"今長沙猶謂人兩足相背向外而行者爲剌𣥂。

"浮"古音如袍。《漢書·楚元王傳》"浮邱伯"，《鹽鐵論》作"包丘子"。今長沙謂躁妄不定之人曰浮動子，"浮"尚如古音讀。又物浮於水亦讀如袍，不作輕脣音也。

《漢書·司馬相如傳》："《大人賦》云：'徑入雷室之砰磷鬱律兮。'"葵園先生補注云："砰磷，雷聲。"今楚人方言猶謂有聲曰砰磷。

《爾雅釋詁》："鮐背耇老，壽也。"《釋名》云："九十曰鮐背，背有鮐文也。"郝懿行云："鮐魚背有黑文，老人背亦發斑，似此魚然。"長沙今謂人背僂曲者爲蝦背，以蝦體曲，故以爲喻，猶古言鮐背也。蝦讀如古音（ㄏㄚ）。

《國策》云"粉白墨黑"，謂如扮之白如墨之黑也。今長沙謂甚黑曰墨黑，墨變作去聲。

《詩》云："缾之罄矣，惟罍之恥。"《淮南·覽冥篇》云："罄龜無腹。"高注："罄，空也。"今長沙言空無所有曰罄空。

高誘序淮南王書引民歌云："一升粟，飽蓬蓬。"按今長沙俗謂腹甚飽云蓬飽。

《說文》：" 緢，氂絲也。"从段校篆次織、細二字之後。段玉裁云："氂，牛之絲至細者也。"今長沙人狀細物曰細緢緢。

《史記·倉公傳》："臣意家貧，欲爲人治病，然恐吏以除拘臣意也，故移名數，左右不脩家生，出行游國中。"《正義》云"以名籍屬左右"，是於"左右"斷句，吳汝綸評《史記》亦如此讀。今按"左右"猶言反正、始終、橫豎之類。今長沙猶有此言，惟"右"音變"如"也。此當以"移名數"爲句。"左右不脩家生"，言始終不脩家生也。同傳又云："爲人治病，決死生多驗，然左右游行諸侯，不以家爲家。"亦言始終游行諸侯也，張、吳皆誤讀。

《尚書》："夏罪其如台"，"今王其如台"，"如台"《史記》俱釋作奈何，是"台"有"何"義也，今湘潭謂"何"爲"台的"。

《漢書·西域傳》云："從鄯善傍南山，北波河，西行至莎車，爲南道。"顏注云："波河，循河也。"《後漢書·班超傳》注云："波，傍也。"今長沙謂"循傍"曰"波"，讀如伴，蓋由歌韻轉爲寒韻矣。

《史記·陳涉世家》云："夥頤，涉之爲王沈沈者。"鄉先輩周壽昌云："今楚人乍見物之盛多者驚呼曰阿意，俗轉作呵呀，皆此音也。"

《孟子》云："其操心也危，其慮患也深。"今長沙人謂人事煩思慮多者曰"操心重"。

《魏志·齊王芳紀》注引《魏書》："令狐景諫齊王，帝言：'我作天子，不得自在耶？'""自在"，自由也，今長沙猶言之。

《禮記·曲禮》："君不乘奇車。"盧注云："奇車，不如法之車也。"按今長沙謂事物不密合者爲"不如法"。

《漢書·外戚傳》："張辟彊謂陳平，曰：'太后獨有帝，今哭而不悲,君知其解未?'陳平曰:'何解?'"按今長沙語猶言"何解","何"音變如"俄"。

《御覽》三百八十五引劉向《別錄》云:"楊信,字子烏,雄第二子,幼而聰慧。雄算玄經不會,子烏令作九數而得之。"按長沙今謂"不能"曰"不會"。

《呂氏春秋·長攻篇》云:"反斗而擊之一成,腦塗地。"高注:"一成,一下也。"今長沙云"一下",讀"下"如哈,"下"之古聲也。

《爾雅·釋器》云:"甌瓿謂之瓵。"郭注云:"瓿甊,小罌,長沙謂之瓵,瓵音移。"按今長沙無此語。

《玉篇》云:"秹,長沙云,禾把也。"《廣韻·五支》云:"長沙人謂禾二把爲秹。"按《說文》無此字,桂氏《義證》據《玉篇》補之。按今長沙似無此語。

《廣均·三十四果》云:"瓵,長沙呼甌也。"今長沙亦無此語。

玄應《一切經音義》十三引《埤蒼》云:"長沙謂隄爲墹。"又十七引云:"長沙謂隄爲塘。"按今亦無此语。^{舊稿}

二十年二月重訂

《積微居文錄》卷下竟

編後記

　　楊樹達，字遇夫，號積微，晚年自號耐林翁，1885年6月1日生於湖南長沙縣，著名語言文字學家、史學家。他的父親楊孝秩是一名教師。楊樹達先生從小接受了良好的教育，13歲時考入湘水校經堂，接觸西方文化。此後，他陸續求學於時務學堂、求實書院、湖南大學堂，受譚嗣同、梁啟超等人的救國思想影響，頗為關心國事。19歲時，應湖南省院試，名列第一。1905年，21歲的楊樹達考上公派留學日本的資格，求學於東京宏文學院大冢分校、東京第一高等學校、京都第三高等學校。1911年，武昌起義爆發，官費停發，他回國任湖南教育司圖書科科長，先後擔任湖南第四師範學校、湖南省立第一師范學校、湖南省立第一女子師範學校、北京師范學校、北京女子高等師范學校附屬女子補習學校、北京高等師範學校的國文教師。1924年3月，他擔任北京師范大學國文系主任，他用《荀子·強國篇》"積微，月不勝日，時不勝月，歲不勝時"中"積微"二字作為居所的名字。1926年，他任清華大學教授；1937年舉家返湘，受邀任湖南大學中文系主任、文學院院長。至此，他的著述頗豐，《馬氏文通刊誤》《高等國文法》《詞詮》《漢書補注補正》《論語古義》《積微居小學述林》等陸續出版，奠定了他在文字學史上的地位。晚年的他仍筆耕不輟，對《論語》、金石、甲骨文、

《漢書》仍繼續深入研究。1953年，他任湖南省文史館館長，後調入湖南師范學院（今湖南師范大學）任教，並辭謝中國科學院進調入京之請。1956年去世前，他以71歲的高齡仍在箋釋《鹽鐵論》，2月將初稿完成，14日便因病溘然辭世，安葬於岳麓山。

綜觀楊樹達先生的一生，始終與中國文字同行，絲毫沒有因為戰爭、年齡、疾病而輟棄，其學術成就備受時人及後世推崇。黃侃、錢玄同等人對他深為稱道，陳寅恪《積微居小學金石論叢續稿》序文中總結他的成就："百年以來，洞庭衡岳之區，其才智之士多以功名著聞於世。先生少日即已肄業于時務學堂，後復學外國，其同時輩流，頗有遭際世變、以功名顯者，獨先生講學于南北諸學校，寂寞勤苦，逾三十年，不少間輟。持短筆，照孤燈，先後著書高數尺，傳誦於海內外學術之林，始終未嘗一藉時會毫末之助，自致于立言不朽之域。"湖南師范大學文學院前立有他的石像，銘刻著《論語疏證》中的名句："溫故而不知新者，其病也庸；不溫故而欲知新者，其病也妄。"頗能警人心目。

鑒此，整理者選取楊樹達先生的《積微居文錄》予以整理，底本為1931年商務印書館第一版。整理者以保存原書內容為宗旨，改豎排為橫排，並對原書句讀以現行語言規範進行標點，如原文存在內容上的不一致，整理者以"編者註"的方式予以說明。另外，原書為上卷、中卷、下卷，各自分別頁碼排序，此次合併為一本，採用統一頁碼排序；目錄更加細化，方便讀者按圖索驥。然限於整理者水平，書中不免存在不妥之處，還請讀者批評指正。

羅慧
2012年8月

《民國文存》第一輯書目

紅樓夢附集十二種	徐復初
萬國博覽會遊記	屠坤華
國學必讀（上）	錢基博
國學必讀（下）	錢基博
中國寓言與神話	胡懷琛
文選學	駱鴻凱
中國書史	查猛濟、陳彬龢
林紓筆記及選評兩種	林紓
程伊川年譜	姚名達
左宗棠家書	胡嘯天
積微居文錄	楊樹達
中國文字與書法	陳彬龢
中國六大文豪	謝無量
中國學術大綱	蔡尚思
中國僧伽之詩生活	張長弓
中國近三百年哲學史	蔣維喬
段硯齋雜文	沈兼士
清代學者整理舊學之總成績	梁啟超
墨子綜釋	支偉成
讀淮南子	盧錫烺

國外考察記兩種	傅芸子、程硯秋
古文筆法百篇	胡懷琛
中國文學史	劉大白
紅樓夢研究兩種	李辰冬、壽鵬飛
閒話上海	馬健行
老學蛻語	范褘
中國文學史	林傳甲
墨子閒詁箋	張純一
中國國文法	吳瀛
錢基博著作三種	錢基博
老莊研究兩種	陳柱、顧實
清初五大師集（卷一）·黃梨洲集	許嘯天
清初五大師集（卷二）·顧亭林集	許嘯天
清初五大師集（卷三）·王船山集	許嘯天
清初五大師集（卷四）·朱舜水集	許嘯天
清初五大師集（卷五）·顏習齋集	許嘯天
文學論	夏目漱石、張我軍
經學史論	本田成之、江俠庵
經史子集要略	羅止園
古代詩詞研究三種	胡樸安、賀楊靈、徐珂
古代文學研究三種	張西堂、羅常培、呂思勉
巴拿馬太平洋萬國博覽會要覽	李宣龔
國史通略	張震南
先秦經濟思想史	甘乃光、熊夢
三國晉初史略	王鍾麒
清史講義（上）	汪榮寶、許國英
清史講義（下）	汪榮寶、許國英

清史要略	陳懷
中國近百年史要	陳懷
中國近百年史（上）	孟世傑
中國近百年史（下）	孟世傑
中國近世史	魏野疇
中國歷代黨爭史	王桐齡
古書源流（上）	李繼煌
古書源流（下）	李繼煌
史學叢書	呂思勉
中華幣制史	張家驤
中國貨幣研究二種	徐滄水、章宗元
歷代屯田考（上）	張君約
歷代屯田考（下）	張君約
東方研究史	莫東寅
近世歐洲史	何炳松
西洋教育思想史（上）	蔣徑三
西洋教育思想史（下）	蔣徑三
西洋教育史大綱	姜琦